·语 文 阅 读 推 荐 丛 书·

毛泽东诗词详注

吴正裕　陈 晋／主编

人民文学出版社

图书在版编目(CIP)数据

毛泽东诗词详注 / 吴正裕,陈晋主编. -- 北京：人民文学出版社,2025. --（语文阅读推荐丛书）.
ISBN 978-7-02-019193-2

Ⅰ.A44

中国国家版本馆 CIP 数据核字第 20251JN136 号

责任编辑　陈建宾　王一珂
装帧设计　李思安
责任印制　王重艺

出版发行　人民文学出版社
社　　址　北京市朝内大街 166 号
邮政编码　100705

印　　刷　河北博文科技印务有限公司
经　　销　全国新华书店等

字　　数　176 千字
开　　本　650 毫米×920 毫米　1/16
印　　张　16.5　插页 1
印　　数　1—10000
版　　次　2025 年 5 月北京第 1 版
印　　次　2025 年 5 月第 1 次印刷

书　　号　978-7-02-019193-2
定　　价　32.00 元

如有印装质量问题,请与本社图书销售中心调换。电话:010-65233595

出 版 说 明

  从2017年9月开始,在国家统一部署下,全国中小学陆续启用了教育部统编语文教科书。统编语文教科书加强了中国优秀传统文化教育、革命传统教育以及社会主义先进文化教育的内容,更加注重立德树人,鼓励学生通过大量阅读提升语文素养、涵养人文精神。人民文学出版社是新中国成立最早的大型文学专业出版机构,长期坚持以传播优秀文化为己任,立足经典,注重创新,在中外文学出版方面积累了丰厚的资源。为配合国家部署,充分发挥自身优势,为广大学生课外阅读提供服务,我社在总结以往经验的基础上,邀请专家名师,经过认真讨论、深入调研,推出了这套"语文阅读推荐丛书"。丛书收入图书百余种,绝大部分都是中小学语文课程标准和统编语文教科书推荐阅读书目,并根据阅读需要有所拓展,基本涵盖了古今中外主要的文学经典,完全能满足学生成长过程中的阅读需要,对增强孩子的语文能力,提升写作水平,都有帮助。本丛书依据的都是我社多年积累的优秀版本,品种齐全,编校精良。每书的卷首配导读文字,介绍作者生平、写作背景、作品成就与特点;卷末附知识链接,提示知识要点。

  在丛书编辑出版过程中,统编语文教科书总主编温儒敏教授,给予了"去课程化"和帮助学生建立"阅读契约"的指导性意见,即尊重孩子的个性化阅读感受,引导他们把阅读变成一种兴趣。所以本丛书严格保证作品内容的完整性和结构的连续性,既不随意删改作品内容,也不破坏作品结构,随文安插干扰阅读的多余元素。相信这套丛书会成为广大中小学生的良师益友和家庭必备藏书。

人民文学出版社编辑部
2018年3月

1955年12月,毛泽东在广州

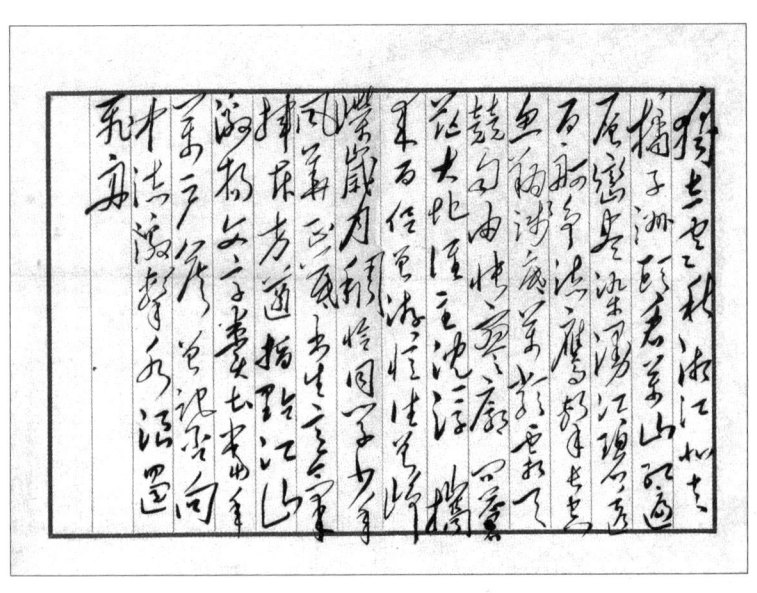

《沁园春·长沙》手迹

目　次

导读 …………………………………… 陈　晋 1

正　编

贺新郎　别友 …………………………………… 3
（一九二三年）

沁园春　长沙 …………………………………… 7
（一九二五年）

菩萨蛮　黄鹤楼 ………………………………… 10
（一九二七年春）

西江月　井冈山 ………………………………… 12
（一九二八年秋）

清平乐　蒋桂战争 ……………………………… 14
（一九二九年秋）

采桑子　重阳 …………………………………… 16
（一九二九年十月）

如梦令　元旦 …………………………………… 18
（一九三〇年一月）

减字木兰花　广昌路上 ………………………… 20
（一九三〇年二月）

1

蝶恋花　从汀州向长沙 …………………………………… 22
（一九三〇年七月）

渔家傲　反第一次大"围剿" …………………………… 24
（一九三一年春）

渔家傲　反第二次大"围剿" …………………………… 27
（一九三一年夏）

菩萨蛮　大柏地 …………………………………………… 29
（一九三三年夏）

清平乐　会昌 ……………………………………………… 31
（一九三四年夏）

十六字令三首 ……………………………………………… 33
（一九三四年到一九三五年）

忆秦娥　娄山关 …………………………………………… 35
（一九三五年二月）

七律　长征 ………………………………………………… 37
（一九三五年十月）

念奴娇　昆仑 ……………………………………………… 40
（一九三五年十月）

清平乐　六盘山 …………………………………………… 43
（一九三五年十月）

沁园春　雪 ………………………………………………… 45
（一九三六年二月）

七律　人民解放军占领南京 ……………………………… 48
（一九四九年四月）

七律　和柳亚子先生 ……………………………………… 50
（一九四九年四月二十九日）

　　附：柳亚子原诗

浣溪沙　和柳亚子先生 …………………………………… 55
（一九五〇年十月）
　　附：柳亚子原词

浪淘沙　北戴河 ………………………………………………… 59
（一九五四年夏）

水调歌头　游泳 ………………………………………………… 61
（一九五六年六月）

蝶恋花　答李淑一 ……………………………………………… 64
（一九五七年五月十一日）

七律二首　送瘟神 ……………………………………………… 66
（一九五八年七月一日）

七律　到韶山 …………………………………………………… 69
（一九五九年六月）

七律　登庐山 …………………………………………………… 71
（一九五九年七月一日）

七绝　为女民兵题照 …………………………………………… 73
（一九六一年二月）

七律　答友人 …………………………………………………… 75
（一九六一年）

七绝　为李进同志题所摄庐山仙人洞照 …………………… 77
（一九六一年九月九日）

七律　和郭沫若同志 …………………………………………… 78
（一九六一年十一月十七日）
　　附：郭沫若原诗

卜算子　咏梅 …………………………………………………… 81
（一九六一年十二月）
　　附：陆游原词

3

七律　冬云 ………………………………………… *84*

（一九六二年十二月二十六日）

满江红　和郭沫若同志 ……………………………… *86*

（一九六三年一月九日）

　　附：郭沫若原词

七律　吊罗荣桓同志 ………………………………… *90*

（一九六三年十二月）

贺新郎　读史 ………………………………………… *93*

（一九六四年春）

水调歌头　重上井冈山 ……………………………… *96*

（一九六五年五月）

念奴娇　鸟儿问答 …………………………………… *98*

（一九六五年秋）

副　编

五古　挽易昌陶 ……………………………………… *103*

（一九一五年五月）

七古　送纵宇一郎东行 ……………………………… *107*

（一九一八年四月）

虞美人　枕上 ………………………………………… *110*

（一九二一年）

西江月　秋收起义 …………………………………… *112*

（一九二七年）

六言诗　给彭德怀同志 ……………………………… *114*

（一九三五年十月）

临江仙　给丁玲同志 ·················· *116*
（一九三六年十二月）

五律　挽戴安澜将军 ················· *118*
（一九四三年三月）

五律　张冠道中 ···················· *120*
（一九四七年）

五律　喜闻捷报 ···················· *122*
（一九四七年）

浣溪沙　和柳亚子先生 ················ *124*
（一九五〇年十一月）
　　附：柳亚子原词

七律　和周世钊同志 ················· *128*
（一九五五年十月）
　　附：周世钊原诗

五律　看山 ······················ *131*
（一九五五年）

七绝　莫干山 ····················· *133*
（一九五五年）

七绝　五云山 ····················· *134*
（一九五五年）

七绝　观潮 ······················ *135*
（一九五七年九月）

七绝　刘蕡 ······················ *137*
（一九五八年）

七绝　屈原 ······················ *139*
（一九六一年秋）

七绝二首　纪念鲁迅八十寿辰 …………………………… *141*

（一九六一年）

杂言诗　八连颂 ………………………………………… *144*

（一九六三年八月一日）

念奴娇　井冈山 ………………………………………… *146*

（一九六五年五月）

七律　洪都 ……………………………………………… *148*

（一九六五年）

七律　有所思 …………………………………………… *150*

（一九六六年六月）

七绝　贾谊 ……………………………………………… *152*

七律　咏贾谊 …………………………………………… *154*

附　录

四言诗　祭母文 ………………………………………… *159*

（一九一九年十月八日）

归国谣　今宵月 ………………………………………… *165*

（一九一九年十月）

四言诗　祭黄陵文 ……………………………………… *167*

（一九三七年三月）

七律　重庆谈判 ………………………………………… *171*

（一九四五年秋）

七绝　仿陆游诗 ………………………………………… *174*

（一九五八年十二月二十一日）

　　附：陆游原诗

七律　读报 …………………………………… *177*

（一九五九年十一月）

七律　读报 …………………………………… *179*

（一九五九年十二月）

七律　读报 …………………………………… *181*

（一九五九年十二月）

七律　改鲁迅诗 ……………………………… *183*

（一九五九年十二月）

　　附：鲁迅原诗

七律　读报 …………………………………… *187*

（一九六〇年六月十三日）

七律　读《封建论》呈郭老 ………………… *189*

（一九七三年八月五日）

毛泽东诗论

致臧克家等 …………………………………… *193*

（一九五七年一月十二日）

致李淑一 ……………………………………… *194*

（一九五七年五月十一日）

读范仲淹两首词的批语 ……………………… *196*

（一九五七年八月一日）

致胡乔木 ……………………………………… *198*

（一九五八年七月一日）

《七律二首·送瘟神》后记 ………………… *199*

（一九五八年七月一日）

致周世钊 ……………………………………… *200*

（一九五八年十月二十五日）

在《毛主席诗词十九首》上的批注 …………………………… 202
（一九五八年十二月二十一日）

致胡乔木 ……………………………………………………… 207
（一九五九年九月七日）

致胡乔木 ……………………………………………………… 208
（一九五九年九月十三日）

《词六首》引言 ……………………………………………… 209
（一九六二年四月）

《忆秦娥·娄山关》的写作背景 …………………………… 211
（一九六二年五月）

对《毛主席诗词》中若干词句的解释 ……………………… 213
（一九六四年一月二十七日）

致陈毅 ………………………………………………………… 218
（一九六五年七月二十一日）

知识链接 ……………………………………………………… 220

导 读

当我们谈到毛泽东的时候……

青少年朋友们,翻开这本书之前,对毛泽东这个名字,大家一定不会陌生。

你小时候坐在教室里,抬头一看,就是他的题词:"好好学习,天天向上";电视上也经常会提到他说的那句名言:"中国人从此站立起来了!"大人们给你讲故事,也常常说到他如何用兵如神;你的语文课本、历史课本,也少不了他写的文章和诗词,还有别人所写的他的故事;如果你到过北京的天安门广场,你会看到他的巨幅画像,还有毛主席纪念堂……

毛泽东这个名字,在我们的学习、生活以及大一点的青年朋友的工作中,可说是随处可见。

那么,在大家的印象里,毛泽东是一个什么样的人呢?

人们对他有许多评价——他是中国共产党、中国人民解放军、中华人民共和国的主要缔造者和领袖;他是伟大的无产阶级革命家、战略家、理论家;他是近代以来中国伟大的爱国者和民族英雄,是领导中国人民彻底改变自己命运和国家面貌的一代伟人;他还是我们今天中国社会主义现代化建设事业的伟大奠基者,是为世界被压迫民族的解放和人类进步事业做出重大贡献的伟大国际主义者……

这些历史定位,每一句话的后面,都有许许多多的含义和道理,当然也有许许多多的人生实践和生动故事做支撑。等我们增加了社会阅历,大概会体会得更清楚一些。总之,毛泽东的思想、精神和品格风范,还有他身上散发出来的文化感染力,不仅深深影响了中国的过去,还与我们今天的中国息息相关。也就是说,他并没有远去。

领略毛泽东的诗人形象

谈到毛泽东的形象,有位外国人打过一个比喻,说是"一个诗人赢得了一个新中国"。

毛泽东不仅是一位兼具许多身份,在各方面都干出大事业,有许多大创造的人,他还有一个突出的身份——诗人,而且是很了不起的诗人。用老辈人常说的话来讲,毛泽东是一位在中国历史上罕见的"腹有诗书气自华"的人。正因为他的思想和精神含光吐华,拥有独特而浓郁的文化气息、诗人气质,他能够干成那么多的大事,就是可以理解的了。有时候,我们了解一个人,常常会去读他的诗。而读他的诗,又会让我们去认识一个时代,看到一种很美的文化风景,受到强烈的精神感染。

像今天的许多年轻人一样,毛泽东从湖南第一师范毕业后,也面临职业的选择。他的志愿是当教员或记者(很有意思的是,如今的网络世界,一些年轻人通常用"教员"来指称毛泽东),同时还表示,自己对诗词创作很有兴会。实际上,他早年就写有爱情诗,言志诗,抒怀诗,感事诗,统统可以称作青春诗。他的作品在朋友当中是很有名气的。比如,他在一首诗中说:"自信人生二百年,会当水击三千里。"青年朋友,你在这里读到的,不正是青年人应有的理想、激情和对未来的无限憧憬吗?还有,"恰同学少年,风华正茂;书生意气,挥斥方遒。指点江山,激扬文字,粪土当年万户侯。"哪一个有志青年的灵魂世界,没有被这样的激情燃烧过呢?最后,毛泽东用诗句为自己的青春打了个"结":"问苍茫大地,谁主沉浮?"这个"结",刻在许多人漫漫人生途中,至今还被人们经常引用。

参加革命后,特别是带领秋收起义部队上井冈山以后,毛泽东照样写诗。有一首诗传到鲁迅先生那里,鲁迅先生曾评价:很有"山大王"气概。但总体上说,由于长期在农村干革命,毛泽东的诗流传不广。特别是国民党反动派四处宣传,说共产党是胸无点墨的"土匪""草莽""流寇",外界一般不知道毛泽东还是一位诗人。

毛泽东的"诗人"之名为世人所知,是在抗日战争全面爆发初期。1937年,英国伦敦戈兰茨公司出版了埃德加·斯诺用英文撰写的《红星照耀中国》(又名《西行漫记》)一书,第五章的结语就用了那首有名的《七律·长征》。斯诺说,毛泽东"向我介绍了长征到西北的情形,并且写了一首关于长征的旧诗给我"。斯诺把在陕北窑洞昏暗马灯下与他对话的毛泽东,称为

"一个既能领导远征又能写诗的叛逆者"。① 随着《红星照耀中国》在西方世界传播,被翻译成中文后又在中国成为畅销读物,人们惊讶地知道了毛泽东是一个会写诗的红色领袖。

让世人领略毛泽东诗人形象及其作品独领风骚的事件,发生在1945年的重庆。抗日战争胜利后,毛泽东赴重庆谈判,其间柳亚子赠给毛泽东一首七律并向他索诗,毛泽东便在一张印有"第十八集团军重庆办事处"的窄信纸上,紧凑地抄录下自己填于1936年的《沁园春·雪》,回复柳亚子。这首不经意间透露出来的词,大气磅礴、气吞山河。诗人披带一路风尘,致敬"分外妖娆"的祖国河山;诗人捧着一颗真心,检视中华民族一个又一个历史的骄子;诗人挥洒一腔豪情,向未来走去……结果,最后那句,"数风流人物,还看今朝",一笔超历史,一笔见精神,一笔显魂魄,一笔动世界。当时的旧体诗文坛领袖柳亚子说,这是一首自铸伟词的千古绝唱。这首词被刊登在重庆的报纸上,整个文坛震动了,不少文化人以为毛泽东是一个从西北来的土宣传家,没想到看到的却是一个在哲学和文学方面都令他们自叹弗如的诗人。

毛泽东诗词的普及和运用,是在新中国成立以后。1957年1月,臧克家担任主编的《诗刊》杂志出版创刊号,发表了毛泽东的《旧体诗词十八首》。从那以后,阅读和体会毛泽东诗词,成为整个时代的文化风尚。直到今天,许多人都能背诵一些毛泽东诗词。人们写文章,说话办事,还时常会引用几句毛泽东的诗词。毛泽东的诗人形象,深深嵌进了中国的社会文化土壤。

---

① 埃德加·斯诺:《红星照耀中国》,董乐山译,人民文学出版社2017年版,第69、203页。

实际上,毛泽东对自己的诗人定位,也是很在乎的。他生前为修改、编选自己的作品,倾注了大量心血。我们知道,毛泽东是1976年9月9月逝世的。1973年冬天,八十岁的他还以老病之躯认真整理自己的诗词,似乎很想为后人留下一套完整的诗词定稿。

诗词,也的确成为我们循着诗路脚步,去领略毛泽东心路历程的一个角度、一个窗口。

毛泽东诗词传达出什么样的内容

毛泽东的诗情豪气从哪里来?不仅来自他深厚的文化修养、博大的内心世界、超迈的人格气象,更来自他和人民一道创造新的历史的波澜壮阔的生动实践。

毛泽东一生探索,一路有诗。

回忆"五四"大潮和长沙求学前后岁月,他写"指点江山,激扬文字,粪土当年万户侯";大革命洪流里,他写"把酒酹滔滔,心潮逐浪高";指挥千军万马,他写"头上高山,风卷红旗过大关";遭敌"围剿",他写"早已森严壁垒,更加众志成城";跨越雄关,他写"苍山如海,残阳如血";万里长征,百折千回,他写"金沙水拍云崖暖,大渡桥横铁索寒";西望莽莽昆仑,他写"安得倚天抽宝剑,把汝裁为三截";长征胜利前夕,他写"今日长缨在手,何时缚住苍龙";革命就要胜利了,他写"天若有情天亦老,人间正道是沧桑"。创建了新中国,他写"一唱雄鸡天下白,万方乐奏有于阗""萧瑟秋风今又是,换了人间""洞庭波涌连天雪,长岛人歌动地诗"。面对新中国的建设热潮和建设成就,他的诗情更是不断倾泄:"为有牺牲多壮志,敢教日月换新天""红雨随心翻作浪,青山着意化为桥""神女应无恙,当惊世界殊""一万年太久,只争朝夕""可上九天揽月,可下五洋捉鳖"……

毛泽东的诗词,在描写历史的时候,总是彰显着丰富的人生哲理。比如,若干年后,回想学校生活,你是不是有一种"恰同学少年,风华正茂"的感觉?人的一生就是探索前行留下的脚印,我们应有的心态恰恰是"莫道君行早,踏遍青山人未老"。身处复杂局面或各种诱惑、各种选择,一旦选定了,是不是需要有"乱云飞渡仍从容"的定力呢?遭遇困难和压力,面对挑战和逆境,一句"已是悬崖百丈冰,犹有花枝俏",或许就能激励起自己的应对意志和信心。在群体中完成了一项工作任务,干成了一件自己满意的事情,如果能有"待到山花烂漫时,她在丛中笑"的心态,人们会说你的格局大,风格高。作为永远的奋斗者,目标总是一个阶段一个阶段地去接近的,应该有的心态是什么呢?正是"雄关漫道真如铁,而今迈步从头越"。还有,有大气魄、大视野、大格局的人,有大时代观、大世界观、大宇宙观的人,用"坐地日行八万里,巡天遥看一千河"来形容,是不是很有味道?……这些诗句,是不会过时的,对人们更好地为人处事,总是有启发的。

台湾海峡那边有个叫余光中的诗人,称赞李白的诗,说他"绣口一吐就半个盛唐"。意思是,李白的诗,反映了"安史之乱"前后唐朝辉煌与衰落的历史气质。按这样的评价思路,我们完全可以说,毛泽东诗词,是中国革命和建设的一部辉煌史诗,体现了中国共产党领导人民改天换地不懈奋斗的精神气象。可以说,"绣口一吐就是一片新的天地"。

毛泽东诗词发生了什么影响

青少年朋友们读到这里,会不会已经隐约觉得,毛泽东诗词似乎与其他古典诗词有所不同?是的。在毛泽东笔下,典雅高古的旧体诗词与中国革命建设的鲜活生动事件,高度地融合在了一起;"文化的中国"与"当代的中国","民族精神"与"时代精神",流畅地化解了古今之界。如何对中华优秀传统文化进行创造性转化和创新性发展,如何高扬中华美学精神,毛泽东诗词是一个成功典范。

毛泽东诗词与其他文人诗词也有所不同。毛泽东作为诗人,是革命家诗人;作为革命家,是诗人革命家。这种兼具理想和浪漫的双重气质,在诗人中是很少见的。虽然承继"心物交融"的审美传统,但他不再写怀才不遇和看破红尘,不再写寒蝉凄切和报国无门。毛泽东以革命的现实主义精神和浪漫主义情怀,书写中国人民波澜壮阔的历史以及震古烁今的伟业,无论在文字、节奏还是气魄、意境上都有一种"大"美气象,仿佛营造了一条"唯见长江天际流"的审美河床,那里面奔涌出来的,是无畏、奋斗、自信、进取的精神浪花。毛泽东诗词用典而不为典所束,常常引出新的解释、新的启发;谨于格律而不为格律所拘,不以形害义,追求自洽;在遣词造句方面,多用新词新语,时代感强。总体上说,毛泽东诗词风格属于豪放派,在艺术上取得了非常高的成就。

毛泽东诗词,是现当代中国旧体诗词的代表,是现当代中国文学成就的重要组成部分。即使放在中华诗词发展史上来衡量,毛泽东诗词也是风骚独步的一座高峰。

最早发现毛泽东诗词特殊价值的,是近现代旧体诗词的代表人物柳亚子。读了《沁园春·雪》之后,他在唱和中称赞这首词"才华信美多娇。看千古词人共折腰",连苏东坡、辛弃疾这些卓越词人也"犹输气概""只解牢骚"。新中国成立时,柳亚子读到毛泽东更多的作品,于是做了一个总结,说是"推翻历史三千载,自铸雄奇瑰丽词"。

到20世纪末,著名诗人、中国毛泽东诗词研究会创始会长贺敬之,曾这样评价毛泽东及其诗词:"以数量不多的诗,而能在一个产生过屈原、陶潜、李白、杜甫、白居易、陆游、苏轼、辛弃疾、龚自珍等伟大诗人的诗词古国里自铸伟辞,自开奇响,吐纳宇宙之物象,开拓万古之心胸的诗人,也只能首推毛泽东了。"毛泽东诗词"被中国人民视为精神上的珍宝","读着毛泽东诗词,中国人常会感到自己在精神上被提高到一个很高的境界。那种从百年屈辱中终于站起来了的解放感和尊严感,被诗人熔铸成了一个崇高纯净、伟美多娇的诗境,集中地凝聚了中华民族的伟大精神"。[①]

著名诗人、中国毛泽东诗词研究会创始顾问臧克家曾评价:"毛泽东诗词,不论思想性、艺术性,都达到了极高的境界,影响之大,无与伦比。"[②]

毛泽东诗词不仅在中国有着庞大的阅读群体,也被译成英、

[①] 贺敬之:《毛泽东诗词——新中国的民族魂》,《毛泽东诗词研究丛刊》第1辑,中央文献出版社2000年版,第11—12页。
[②] 臧克家:《我所想到的,我所希望的》,《毛泽东诗词研究丛刊》第1辑,中央文献出版社2000年版,第3页。

法、俄、德、意、日等文字传播到世界的每个角落,"远如南美洲的巴拉圭和地中海一角的希腊都有毛泽东诗词的译本"①。实际上,毛泽东生前接待外宾的时候,有不少外宾就主动引用毛泽东诗词来表达自己的感受,如美国前总统尼克松就引用过"不到长城非好汉"这句词。有的外宾,则谈论毛泽东诗词对自己和在自己国家产生的影响。

关于本书需要说的一些话

本书收录了现已公开披露并经严谨考证的所有毛泽东诗词,共七十八首,是收录毛泽东诗词最多、最全的版本。

考虑到青少年朋友的阅读需要,注释者对诗词中比较难懂的字词做了详尽的解释;对所有典故,包括语典与事典,力求注明出处和注出原文;对难解或解读有分歧的诗句,增加了串讲。以此,力求更好地陪伴大家走近毛泽东诗词,徜徉于诗人毛泽东的诗路与心路,有所感、有所得。

本书收录的七十八首毛泽东诗词,分为"正编""副编""附录"三部分,另附"毛泽东诗论",均以写作时间先后为序编次;凡已发表过的诗词,注明了最早发表的时间和刊载之处。

"正编"四十二首诗词,都经作者亲自校订定稿,除《贺新郎·别友》《七律·吊罗荣桓同志》《贺新郎·读史》三首是在作者逝世后由中共中央决定发表的以外,都是作者生前发表过的。这些诗词一般来说是作者的上乘之作,奠定了他作为伟大诗人

---

① 叶君健:《毛泽东诗词的翻译——一段回忆》,《中国翻译》1991年第4期。

的历史地位。

"副编"二十五首诗词,皆为作者写成后未最后定稿的作品。其中八首,由1986年人民文学出版社出版的《毛泽东诗词选》(收入诗词五十首)收录,是当时流传较广或较有纪念意义的作品;另外十七首,由1996年中央文献出版社出版的《毛泽东诗词集》(收入诗词六十七首)收录,多数是当时没有公开发表过的作品。这二十五首诗词,各首情况不尽相同,有的由作者自己保存并曾经反复修改过,有的是作者写作后可能因为忘记或手稿散佚而没有再进行修订,但一般是作者不准备发表的。可以推想,作者可能对其中的许多篇并不是十分满意,故以"副编"形式编入本书,供青少年朋友参考。

"附录"十一首诗词,是本书在1996年出版的《毛泽东诗词集》基础上增补的。其中五首,是作者生前原本准备发表,却在付梓前亲自指示"缓发",删去了的;另外六首,有作者生前曾在内部会议上印发的,也有多年来经过研究者考证确系毛泽东所作,并且依据不同版本来源做了文字考订的。这些也编入供青少年朋友们参考。增补这十一首诗词后,本书堪称毛泽东诗词的"全编"。

"毛泽东诗论"收录了作者留下的一些关于诗词的文稿,包括书信七封,批语、引言、后记、谈话等六篇。毛泽东饱览诗词典籍,不仅创作诗词,也论诗说诗,通过这部分的内容,读者可以大体了解毛泽东的诗词观。

为了帮助青少年朋友们更好地理解诗词的内容,本书在《毛泽东诗词选》《毛泽东诗词集》简注基础上,对注释做了进一步丰富和拓展,称之为详注。本书有许多重要注释,是作者自己所注,这又分两种情况:一是作者对某些作品原先就写了注释,本书将其附于原作之后,标为"作者原注";二是当初一部分诗词在报刊发表后,诠释者对作品意义有不少误解,因此作者在1958年12月21日,于文物出版社同年9月刻印的大字本《毛主席诗词十九首》的书眉上做了一些批注,本书采录了这些批注,标为"作者自注"。

最后,需要说明的是,本书由吴正裕、陈晋等合力完成。吴正裕先生是中国毛泽东诗词研究会创始副会长,长期担任原中央文献研究室第一编研部副主任,是我的老领导,更是我研究毛泽东和毛泽东诗词的老师辈权威专家。稿成后,由毛泽东诗词研究专家、中国毛泽东诗词研究会副会长卢洁、李琦通读审阅。大家耗费心血,一起努力,是希望为青少年朋友奉上关于毛泽东诗词的一个完整和可靠的入门读本。

陈 晋

(中国毛泽东诗词研究会会长)

正 编

贺新郎　别友

一九二三年

　　挥手从兹去。更那堪凄然相向,苦情重诉。眼角眉梢都似恨,热泪欲零还住。知误会前番书语。过眼滔滔云共雾,算人间知己吾和汝。人有病,天知否?

　　今朝霜重东门路,照横塘半天残月,凄清如许。汽笛一声肠已断,从此天涯孤旅。凭割断愁丝恨缕。要似昆仑崩绝壁,又恰像台风扫寰宇。重比翼,和云翥。

　　这首词最早发表在一九七八年九月九日《人民日报》。

注释:

　　〔贺新郎〕词牌名,原名《贺新凉》。词牌就是词调的名称。"词"原来是歌唱用的唱词,都配有曲调。后来发展成为一种特殊的文学体裁,绝大多数的词调都已失传,变得只能吟诵而不能按原调唱了。词的句子大都有长短,字音平仄和押韵方式都有一定的格律。词牌最初有一部分是根据词意命名的,后来的作词者大都只按照一定词牌的格律来"填词",词意不再与词牌有关,而在词牌之外可依词意另标题目。

〔别友〕本词首次发表时只标词牌,未标词题。后来发现作者有一件本词的手迹,标题为《别友》。本词是作者写给夫人和战友杨开慧的。杨开慧(1901—1930),湖南长沙人,1920年冬同作者结婚,1921年加入中国共产党,在中共湘区执行委员会负责机要兼交通联络工作,后随作者去上海、韶山、广州、长沙、武汉等地从事革命活动。1927年大革命失败后,毛泽东辞别杨开慧,到湘赣边界领导秋收起义,先后创建井冈山与中央革命根据地。杨开慧则一直隐蔽在长沙板仓坚持地下工作。1930年10月,因叛徒出卖,被国民党当局逮捕,曾几次遭重刑拷打,但她严守党的机密,并严词拒绝声明"与毛泽东脱离夫妻关系",英勇不屈。同年11月14日,在长沙被军阀何键杀害,牺牲时年仅二十九岁。杨开慧于1922年10月产下长子毛岸英,1923年11月生次子毛岸青。在长子刚满周岁,次子刚满月之时,她就要同丈夫再次离别,自然要"凄然相向,苦情重诉"了。而作者为了革命事业,也不得不"天涯孤旅"。

〔一九二三年〕这年6月,中国共产党第三次全国代表大会在广州召开。毛泽东出席了大会,当选为中央执行委员。大会通过了《关于国民运动及国民党问题的议决案》,决定同国民党合作,建立革命统一战线。9月至12月,毛泽东在湖南从事党的工作,年底奉中央通知由长沙去上海转广州,准备参加国民党第一次全国代表大会。据此,本词可能作于这年12月底离开长沙的时候。当时革命形势在上升,作者"割断愁丝恨缕"而为革命事业献出全副身心的豪情,以及作者所预想的未来革命风暴的猛烈壮阔,在词中"昆仑崩绝壁""台风扫寰宇"的比喻中得到强烈的表现。

〔挥手从兹去〕本于唐李白《送友人》:"挥手自兹去。"挥手,挥动手臂,表示告别。从兹,从此。

〔更那堪凄然相向,苦情重诉〕张相《诗词曲语辞汇释》:"更那堪,则犹云更兼之也。""均用于两项或数项平列时。"凄然,悲伤。相向,向着对方。"挥手从兹去"与这二句平列,意为离别本来就是难堪的事,更兼之看着对方悲伤的面容,听到对方再次诉说困苦的情景,那就更难忍受了。

〔恨〕指离愁别绪。唐杜甫有《恨别》的诗题,又在《春望》诗中有"恨别鸟惊心"句。

〔热泪欲零还住〕意为眼泪要落下又止住。

〔知误会前番书语〕前番,指上次。书语,书信中的话。在词题为《别友》的手迹上,"书语"曾改作"诗句"。据谢柳青编著的《毛泽东家书》中所述,杨开慧对毛泽东由依恋渐渐变成依附,毛泽东感觉到了拖累,就写信劝说,引述唐元稹《菟丝》一诗中"人生莫依倚,依倚事不成"等诗句,杨开慧感到受了伤害,产生了误会。

〔过眼滔滔云共雾〕过眼,眼前经过。滔滔,流逝,消失。云雾,比喻误会。过眼云雾,犹过眼云烟。本句意为误会犹如烟云,很快就会消失。

〔算〕点数,数一数。

〔人有病,天知否〕"人"和"天",即指上句的"吾和汝"。人有病,指作者内心因误会和惜别而产生的痛楚。

〔今朝(zhāo)霜重东门路〕今朝,今晨,今天。霜重,霜厚。东门,指长沙城东的小吴门。古诗词中常用东门泛指送别之地。

〔横塘〕指长沙小吴门外的清水塘,当时作者和杨开慧住在这里。因塘东西长,南北窄,作者特称之为横塘,并暗用横塘之典,借指妇女居住的地方。唐崔颢《长干曲》:"君家何处住?妾住在横塘。"清水塘附近有火车站。

〔半天残月〕残月,即下弦月,状如钩,阴历月末拂晓时见于东方天空。因它偏挂天的半边,故称"半天残月"。

〔凄清如许〕意为如此凄凉冷清。

〔天涯孤旅〕天涯,形容极远的地方。孤旅,孤身行旅。

〔凭〕意思是借以,包含两方,非单"请求"彼方。

〔愁丝恨缕〕离愁别恨的形象化比喻。缕,细丝。

〔昆仑崩绝壁〕昆仑山的峭壁倒塌。这和下面的"台风扫寰宇"都用来表示"割断愁丝恨缕"参加革命斗争的强大决心,同时也烘托了未来的大革命的声威。

〔寰宇〕犹天下,指国家全境。

〔重比翼,和云翥(zhù)〕指重逢时再一起投入革命斗争,宛如在云霄中比翼双飞。翥,鸟飞。比翼双飞,多比喻夫妻。三国魏阮籍《咏怀诗》:"愿为双飞鸟,比翼共翱翔。"

沁园春　长沙

一九二五年

　　独立寒秋,湘江北去,橘子洲头。看万山红遍,层林尽染;漫江碧透,百舸争流。鹰击长空,鱼翔浅底,万类霜天竞自由。怅寥廓,问苍茫大地,谁主沉浮?

　　携来百侣曾游。忆往昔峥嵘岁月稠。恰同学少年,风华正茂;书生意气,挥斥方遒。指点江山,激扬文字,粪土当年万户侯。曾记否,到中流击水,浪遏飞舟?

这首词最早发表在《诗刊》一九五七年一月号。

注释:

〔沁(qìn)园春〕词牌名,从东汉沁水公主园而得名。

〔长沙〕湖南省省会。作者的青年时代,大部分时间在长沙学习和进行革命活动。词中所说的"百侣"和"同学少年",即指作者1914年至1918年在长沙湖南省立第一师范学校读书时的同学和革命友好。

〔独立〕独自站立,寓有"操危虑深"之意。唐杜甫《独立》诗:"天机近人事,独立万端忧。"明末清初的金圣叹在《杜诗解》中说:"操危虑深,故云'独立'。"

〔寒秋〕这里指初秋,不作深秋解。这首词作于1925年8月底至9月上旬之间,正值初秋季节。据考,20世纪20年代,气温要比现在低,初秋已有寒意,所以说是寒秋。

〔湘江〕湖南省最大的河流,源出广西壮族自治区的海洋山,向东北流贯湖南省东部,经过长沙,北入洞庭湖。

〔橘子洲〕一名水陆洲,是长沙城西湘江中的一个狭长的小岛,西面靠近著名的风景区岳麓山。

〔看〕是词中领字,领起以下七句。

〔万山红遍〕万山,指岳麓山及长沙周围的群山。岳麓山上多枫树,到秋天枫叶变成红色。

〔舸(gě)〕大船。汉扬雄《方言》卷九:"南楚江湘,凡船大者谓之舸。"

〔浅底〕指清澈可见底的水下。北魏郦道元《水经注·湘水》引《湘中记》:"湘川清照五六丈,下见底。"

〔万类霜天竞自由〕众多动物都在秋天的自然环境中争着自由地活动。

〔寥廓〕广远空阔。这里用来描写宇宙之大。《楚辞·远游》:"上寥廓而无天。"

〔谁主沉浮〕由上文的俯瞰游鱼、仰观飞鹰,纳闷地寻思("怅")究竟是谁主宰着世间万物的升沉起伏,这句问话在这里可以理解为:在这军阀统治下的中国,到底应该由谁来主宰国家兴衰和人民祸福的命运呢?

〔峥嵘岁月稠〕峥嵘,不平常。稠,多。是说过得不平常的日子是很多的。

〔恰〕是词中领字,领起以下四句。恰,正值,正当。

〔风华正茂〕风华,风采才华。正茂,正当旺盛。

〔书生意气〕书生,读书人。意气,意态和气概。

〔挥斥方遒(qiú)〕挥斥,奔放。《庄子·田子方》:"挥斥八极。"西晋郭象注:"挥斥,犹纵放也。"遒,强劲。挥斥方遒,是说热情奔放,劲头正足。

〔指点江山〕指点,意为批评、评论。江山,喻指国家、国是。

〔激扬文字〕含有宣扬真理和革命思想之意。激扬,激励宣扬。

〔粪土当年万户侯〕万户侯,古代食邑万户的侯爵。这里喻指当时的军阀和政客,把他们鄙薄地看作粪土一般。

〔击水〕作者自注:"击水:游泳。那时初学,盛夏水涨,几死者数。一群人终于坚持,直到隆冬,犹在江中。当时有一篇诗,都忘记了,只记得两句:自信人生二百年,会当水击三千里。"数(shuò),屡次,几次。

〔浪遏(è)飞舟〕意为游泳激起的浪涛把飞驶过来的船都阻挡住了。

菩萨蛮　黄鹤楼

一九二七年春

茫茫九派流中国,沉沉一线穿南北。烟雨莽苍苍,龟蛇锁大江。

黄鹤知何去?剩有游人处。把酒酹滔滔,心潮逐浪高!

这首词最早发表在《诗刊》一九五七年一月号。

注释：

〔菩萨蛮〕词牌名,本是唐教坊(宫廷里的音乐官署)曲名。

〔黄鹤楼〕旧址在湖北省武昌市区之西长江岸边的黄鹤矶(一作黄鹄矶,古代"鹤"与"鹄"相通)上,即今武汉长江大桥南端西侧。楼在历史上曾几经毁坏修复,1927年作者到黄鹤楼游览时只存遗留建筑物警钟楼,1985年6月在重新扩建后开放。《南齐书·州郡志》说有个叫子安的仙人,曾骑黄鹄经过黄鹄矶。《太平寰宇记》说骑鹤仙人叫费文祎(huī),一作费祎(yī),每乘黄鹤到此楼休息。楼因此得名。许多文人曾题诗抒慨,唐崔颢的名句"黄鹤一去不复返",尤为历代传诵。作者借这个题目,抒发了革命家截然不同的感慨。

〔茫茫〕这里形容空间广大遥远。

〔九派流中国〕派,水的支流。相传在长江中游一带有九条支流同长江汇合,所以称"九派"。南朝宋鲍照《登黄鹤矶》诗:"九派引沧流。"中国,即"国中",指中国的中部地区。

〔沉沉一线穿南北〕沉沉,水深的样子。一线,指长江。霍玉厚《毛主席诗词讲解斠补》手稿解,"一线"为"横在眼前的长江",并引敦诚《四松堂集外诗辑》中《和张尧峰登金山》诗"大江一线青潮落"句作证。穿,穿连。本句意谓深广的长江像一条长线把中国的南方和北方连接起来了。一说"一线"指当时长江以南的粤汉铁路和以北的京汉铁路。1957年武汉长江大桥建成,两条铁路接通,改名京广铁路。

〔莽苍苍〕茫茫一片,不甚分明。

〔龟蛇锁大江〕龟蛇指龟山和蛇山,蛇山在武昌城西长江边,龟山在它对岸的汉阳,隔江对峙,好像要把长江锁住一样。

〔把酒酹(lèi)滔滔〕酹,古代用酒浇在地上祭奠鬼神或对自然界事物设誓的一种习俗。滔滔,大水貌。这里用作江水的指代语。本句是指对着滔滔的长江表示同反动势力斗争到底的决心。

〔心潮逐浪高〕心潮,指革命激情在心中掀起的波涛。逐浪高,随着长江滚滚的波浪,一阵高过一阵。

〔心潮〕作者自注:"一九二七年,大革命失败的前夕,心情苍凉,一时不知如何是好,这是那年的春季。夏季,八月七号,党的紧急会议,决定武装反抗,从此找到了出路。"

西江月　井冈山

一九二八年秋

　　山下旌旗在望,山头鼓角相闻。敌军围困万千重,我自岿然不动。

　　早已森严壁垒,更加众志成城。黄洋界上炮声隆,报道敌军宵遁。

这首词最早发表在《诗刊》一九五七年一月号。

注释：

〔西江月〕词牌名,本是唐教坊曲名。

〔井冈山〕位于江西、湖南两省边界的罗霄山脉中段,在江西省宁冈、遂川、永新和湖南省酃（líng）县（今炎陵）四县交界的众山丛中,周围有五百多里。1927年10月,毛泽东率领秋收起义部队进军井冈山,在这里建立了中国第一个农村革命根据地。1928年4月,朱德、陈毅率领南昌起义保存下来的部队和湘南农军转移到井冈山革命根据地,同毛泽东领导的部队胜利会师。随后,两支军队合编为工农革命军第四军,不久又根据中共中央指示改称红军第四军。1928年8月30日,湖南、江西两省敌军各一部,乘红四军主力还在赣西南欲归未归之际,向井冈山进犯。红军守军不足一营,凭借黄洋界(在井冈山西北部,是进入井冈山五个主要隘口之一)天险奋勇抵抗,激战一天,击退敌军,胜利地保卫了这个革命根据地。这首词是作者在黄洋界保卫战胜利后所作。

〔旌旗在望〕喻指山下的部分红军和井冈山一带的赤卫队、暴动队等地方武装。这里用"旌旗"是为了增加诗的鲜明的形象感。作者说,其实没有飘扬的旗子,都是卷起的。在望,在视线内。

〔鼓角〕战鼓和号角。古代军队用鼓角发号施令,指挥队伍行动。这里指红军的军号等声音。

〔岿(kuī)然〕高踞屹立,形容红军在强敌围困下稳如泰山的气概。

〔森严壁垒〕指防备严密,工事(壁垒)牢固,不可侵犯。

〔众志成城〕《国语·周语》:"众心成城。"形容军民同仇敌忾,万众一心,成为牢不可破的城堡。

〔宵遁〕乘夜逃跑。

清平乐　蒋桂战争

一九二九年秋

风云突变,军阀重开战。洒向人间都是怨,一枕黄粱再现。

红旗跃过汀江,直下龙岩上杭。收拾金瓯一片,分田分地真忙。

这首词最早发表在《人民文学》一九六二年五月号。

注释:

〔清平乐(yuè)〕词牌名,本是唐教坊曲名。

〔蒋桂战争〕指1929年春发生于国民党南京军阀蒋介石和广西(简称"桂")军阀李宗仁、白崇禧之间的战争。毛泽东在1928年10月《中国的红色政权为什么能够存在?》一文中曾经指出:"国民党新军阀蒋桂冯阎四派,在北京天津没有打下以前,有一个对张作霖的临时的团结。北京天津打下以后,这个团结立即解散,变为四派内部激烈斗争的局面,蒋桂两派且在酝酿战争中。"1929年4月,蒋、桂两派间果然爆发了战争,所以词中称为"风云突变"。1929年的军阀战争给红军的发展造成了一个有利条件。1929年3月,红四军由江西进入福建西部,占领长汀,5月、6月三次占领长汀东南的龙岩,9月占领长汀以南龙岩以西的上杭。这首词作于红军攻占上杭之后,当时闽西新革命根据地正在开展"分田分地"的土地革命。

〔风云〕风起云涌,比喻变幻莫测的形势。这里指时局。

〔洒向人间都是怨,一枕黄粱再现〕蒋介石发动新的军阀战争,这场"风云"变出的暴雨,只引起深受痛苦的人民的怨愤;他的武力统一中国的野心,不过是又一场黄粱梦而已。唐沈既济小说《枕中记》叙述,卢生在邯郸客店里向道士吕翁诉说自己的穷困不得志,当时店主正在蒸黄粱(黄小米)做饭;吕翁给卢生一个瓷枕,要他枕了睡,卢生枕后在梦里果然享尽荣华富贵,醒来时黄粱还没有蒸熟。

〔汀江〕韩江上游,源出福建省西部长汀,南流入广东省境内。

〔龙岩上杭〕当时是福建西南部的两个县,上杭位于龙岩之西。

〔收拾金瓯(ōu)一片〕化用黄兴《临江仙》"收拾金瓯还汉胤"句。瓯是古时杯盆一类的容器。古人常把金瓯比喻国家疆域完整无缺。南北朝时的梁武帝曾说:"我国家犹若金瓯,无一伤缺。"(《南史·朱异传》)"金瓯一片",在这里比喻宝贵的革命根据地。

采桑子　重阳

一九二九年十月

人生易老天难老,岁岁重阳。今又重阳,战地黄花分外香。

一年一度秋风劲,不似春光。胜似春光,寥廓江天万里霜。

这首词最早发表在《人民文学》一九六二年五月号。

注释.

〔采桑子〕从唐教坊曲《采桑》和《杨下采桑》而得名。

〔重阳〕阴历九月初九叫"重阳节"。《易》以阳爻为九,故称九九为重阳。1929年重阳节是阳历10月11日。当日,在福建省永定县合溪养病的毛泽东,由地方武装用担架护送到上杭县城,同朱德等红四军领导人会合。这首词是毛泽东赴上杭道中所作。

〔人生易老天难老〕意为人生有尽,宇宙无穷。作者在20世纪60年代说过:"与人间比,天是不老的。其实天也有发生、发展、衰亡。"

〔战地黄花分外香〕化用南宋杨万里《九日郡中送白菊》"为底寒花

分外香"句。战地,1929年秋天,红四军在福建省西部汀江一带歼灭土著军阀,攻克了上杭,所以词中称上杭等地为"战地"。黄花,指菊花,我国古代菊花的主要品种是黄的。《吕氏春秋·季秋纪》:"季秋之月:……菊有黄华(花)。"古人常于重阳赏菊。

〔寥廓江天〕寥廓,状广远空阔。江天,指江与天相接。这里的江特指流经上杭县城的汀江。

〔霜〕指霜叶,是秋色的代字。唐杜牧《山行》:"霜叶红于二月花。"

如梦令　元旦

一九三〇年一月

宁化、清流、归化,路隘林深苔滑。今日向何方,直指武夷山下。山下山下,风展红旗如画。

这首词最早发表在《诗刊》一九五七年一月号。

注释:

〔如梦令〕词牌名,本名《忆仙姿》,北宋苏轼因后唐庄宗(李存勖)作的一首有"如梦,如梦,残月落花烟重"的句子,故改为《如梦令》。

〔元旦〕1929年毛泽东和朱德率领红四军在福建省建立闽西革命根据地后,12月底在上杭县古田村召开了对红军发展史有重大意义的中共红四军第九次代表大会。同时,蒋介石组织了江西、福建、广东的反动武装实行"三省会剿",向闽西革命根据地逐步进逼。当福建敌军先头部队进抵离古田村仅三十里的小池时,红四军在1930年1月上旬向敌后转移。朱德率领红四军第一、三、四纵队先出发,挺进江西。毛泽东率领第二纵队掩护主力转移后,向北经福建连城、清流、归化、宁化等县,西越武夷山,去江西和红四军主力会合,使敌人的"三省会剿"宣告破产。元旦,这里指阴历正月初一,即阳历 1930 年 1 月 30 日。这一天就是作者填写这首词的日子。"元旦"一词,最早见于南朝梁萧子云《介雅》诗:"四气新元旦,万寿初今朝。"南宋吴自牧《梦粱录》说:"正月朔日,谓之元旦,俗呼为新年。"自汉武帝以后,历代相沿,都以正月初一为元旦。

〔宁化、清流、归化〕是福建西部的三个县,归化县即今明溪县。按行军路线应当是归化、清流、宁化,这里按词牌格律对音韵的要求而做了改动。

〔路隘林深苔滑〕描写行军途中的艰险情境。

〔武夷山〕绵延于福建、江西两省边境,是这两省的界山。

减字木兰花　广昌路上

一九三〇年二月

漫天皆白,雪里行军情更迫。头上高山,风卷红旗过大关。

此行何去?赣江风雪迷漫处。命令昨颁,十万工农下吉安。

这首词最早发表在《人民文学》一九六二年五月号。

注释:

〔减字木兰花〕词牌名,唐教坊曲有《木兰花》。北宋欧阳修在创作时曾将上下阕起句七个字改为四个字,称《减字木兰花》。

〔广昌路上〕广昌,县名,在江西省东部。1930年2月中旬,毛泽东率红军准备攻打赣江西岸江西省中部重镇吉安时经过这里。因当时国民党军调集七个旅十二个团,开始对赣西南革命根据地和红军进行"会剿",毛泽东、朱德等遂决定不攻吉安,改在吉水县水南、吉安县值夏一带,打孤军进犯的国民党军唐云山旅。作者在1963年主持编辑《毛主席诗词》时,这首词在清样稿上曾题为《广昌路上作》,最后定稿为《广昌路上》。

〔情更迫〕心情更加急切。首次发表时原作"无翠柏",人民文学出版社 1963 年 12 月版《毛主席诗词》改为"情更迫"。

〔风卷红旗过大关〕原作"风卷红旗冻不翻",本于唐岑参《白雪歌送武判官归京》诗"风掣红旗冻不翻"句。大关,这里指险要的山口。

〔赣江〕江西省主要河流。由章水、贡水流到赣州市汇合而成,北流经吉安、南昌注入鄱阳湖。

〔迷漫〕茫茫一片,看不分明。

蝶恋花　从汀州向长沙

一九三〇年七月

六月天兵征腐恶,万丈长缨要把鲲鹏缚。赣水那边红一角,偏师借重黄公略。

百万工农齐踊跃,席卷江西直捣湘和鄂。国际悲歌歌一曲,狂飙为我从天落。

这首词最早发表在《人民文学》一九六二年五月号。

注释：

〔蝶恋花〕词牌名,本名《鹊踏枝》,唐教坊曲名。北宋晏殊依据梁简文帝"阶翻蛱蝶恋花情"的句子改为《蝶恋花》。

〔从汀州向长沙〕1930年6月,红军第一军团(开始称第一路军)由福建省汀州(长汀)进军江西省。8月,从江西向湖南进军,在浏阳东北同彭德怀领导的红军第三军团会合,并决定共同组成红军第一方面军。9月,红一方面军进攻长沙未克。守敌强而有备,红军不宜攻坚。同年夏,由于蒋、冯(玉祥)、阎(锡山)正在河南等地混战,数月之内江西、湖南一带,除长沙、南昌等大中城市外,都无强敌。因此,毛泽东说服红一方面军的干部改变当时执行"立三路线"的党中央指示的夺取湘、鄂、赣三省省会的冒险方针,分兵攻取茶陵、攸县、醴陵、萍乡、吉安、峡江、新喻(今新余)等地,占领了大片地区,扩大了部队,为粉碎敌人的第一次"围剿"准备了条件。这首词写的是红军6月、7月进军中的豪迈心情。作者在1963年主持编辑《毛主席诗词》时,本词在清样稿上曾题为《从汀州向长沙路上作》,最后定稿为《从汀州向长沙》。

〔天兵征腐恶〕指红军征讨腐朽凶恶的国民党军阀。《文选》李善注:"天兵,言兵威之盛如天也。"

〔万丈长缨要把鲲鹏缚〕长缨,长绳索。这里指革命力量。汉武帝时终军出使南越(古国名,今广东、广西一带),请授长缨,说要把那里的国王缚住带回来。(《汉书·终军传》)鲲鹏是《庄子·逍遥游》中所说的一种极大的鱼和由它变成的极大的鸟,所以既可分指两物("鲲"一般不单用),也可合指一物。通常是褒义词,这里作贬义用,等于说巨大的恶魔。

〔赣水那边红一角〕指赣西南的赣江流域黄公略率领的红六军(1930年7月改称红三军)所建立的革命根据地。红六军是赣西南的主力红军,1930年6月同红四军、红十二军组建为红一军团。当红一军团的主力红四军和红十二军由福建省汀州向江西省进军时,红六军尚在赣西南的赣江流域,所以下文称为偏师。

〔黄公略〕(1898—1931)湖南湘乡人。1927年参加中国共产党。1930年,先后任红六军、红三军军长。1931年9月,在江西省吉安的东固地区行军中遭敌机扫射牺牲。

〔踊跃〕指情绪热烈、争先恐后的样子。

〔席卷江西直捣湘和鄂〕指要夺取整个江西,长驱直入攻打湖南和湖北。

〔国际悲歌〕指悲壮的《国际歌》。

〔狂飙(biāo)为我从天落〕化用唐杜甫《乾元中寓居同谷县作歌七首》(其一)"悲风为我从天来"句。狂飙,疾风。这里形容正在兴起的革命风暴。

渔家傲　反第一次大"围剿"

一九三一年春

万木霜天红烂漫,天兵怒气冲霄汉。雾满龙冈千嶂暗,齐声唤,前头捉了张辉瓒。

二十万军重入赣,风烟滚滚来天半。唤起工农千百万,同心干,不周山下红旗乱。（作者原注）

【作者原注】

关于共工头触不周山的故事：

《淮南子·天文训》："昔者共工与颛顼争为帝,怒而触不周之山,天柱折,地维绝。天倾西北,故日月星辰移焉;地不满东南,故水潦尘埃归焉。"

《国语·周语》："昔共工弃此道也,虞于湛乐,淫失其身,欲壅防百川,堕高堙庳,以害天下。皇天弗福,庶民弗助,祸乱并兴,共工用灭。"（韦昭注："贾侍中〔按指后汉贾逵〕云：共工,诸侯,炎帝之后,姜姓也。颛顼氏衰,共工氏侵陵诸侯,与高辛氏争而王也。"）

《史记》司马贞补《三皇本纪》："当其（按指女娲）末年也，诸侯有共工氏，任智刑以强，霸而不王，以水乘木，乃与祝融战，不胜而怒，乃头触不周山崩，天柱折，地维缺。"

毛按：诸说不同。我取《淮南子·天文训》，共工是胜利的英雄。你看，"怒而触不周之山，天柱折，地维绝。天倾西北，故日月星辰移焉；地不满东南，故水潦尘埃归焉。"他死了没有呢？没有说。看来是没有死，共工是确实胜利了。

这首词最早发表在《人民文学》一九六二年五月号。

注释：

〔渔家傲〕词牌名，因北宋晏殊作的词有"神仙一曲渔家傲"的句子而得名。

〔反第一次大"围剿"〕蒋介石在他所策动的反革命内战中，曾经对中央革命根据地发动过五次"围剿"。从1930年10月起，他布置反革命的第一次大"围剿"，纠集了十万兵力。12月，他任命江西省政府主席鲁涤平兼任陆海空军总司令南昌行营主任，即"围剿"军总司令，开始进犯中央革命根据地。红军诱敌深入，集中优势兵力，在12月30日乘雾对进入龙冈包围圈内的敌军主力张辉瓒第十八师发起总攻，激战至晚，把敌军全部歼灭，俘获张辉瓒以下官兵九千余人。接着乘胜追击逃至东韶的敌军另一主力谭道源第五十师，又歼灭其一半。两仗共歼敌一万五千余人，缴枪一万余支，余敌纷纷逃窜。第一次反"围剿"胜利结束。这首词作于第一次反"围剿"胜利之后，第二次反"围剿"交战之前。

〔万木霜天红烂漫〕万树经霜后红叶艳丽。

〔霄汉〕即天上。霄指云天，汉指星河。

〔龙冈〕在江西省永丰县的南端，南与兴国县相连，西与吉安县相接，是险要的山区。

〔千嶂(zhàng)〕层峦叠嶂。嶂,如屏障的山峰。

〔齐声唤〕指一同欢呼胜利。

〔张辉瓒〕国民党"围剿"军前敌总指挥、第十八师师长。

〔二十万军重入赣〕蒋介石在第一次"围剿"失败后,又调集二十万兵力至江西,以何应钦为陆海空军总司令南昌行营主任,于1931年4月发动第二次"围剿"。

〔风烟滚滚来天半〕风烟,犹风尘,这里指战乱的烟尘。滚滚,急速地翻腾。来天半,来自半空中。

〔不周山下红旗乱〕不周山,我国神话中山名。这里用触倒不周山的共工,来比喻决心打倒反革命统治的工农红军和革命群众。红旗乱,红旗缭乱拥挤,描写革命队伍士气之盛。

"作者原注"注释:

〔共工、颛顼(zhuānxū)、炎帝、高辛、女娲(wā)、祝融〕都是传说中古代部族的首领。

〔天柱、地维〕维,大绳。古人设想天圆地方,天有九根柱子支撑,地有四根大绳系缀。

〔虞于湛(dān)乐,淫失其身〕贪图享乐,纵欲放荡。虞,同娱。失,同佚、逸。

〔堕(huī)高堙庳(yīnbēi)〕平毁山丘,填塞沼泽。堕,同隳。

〔以水乘木〕乘,接替。古代有用金、木、水、火、土五行相生相克以解释朝代更替的说法。《史记补·三皇本纪》称女娲"亦木德王",共工想用水德来代替木德。

渔家傲　反第二次大"围剿"

一九三一年夏

白云山头云欲立,白云山下呼声急,枯木朽株齐努力。枪林逼,飞将军自重霄入。

七百里驱十五日,赣水苍茫闽山碧,横扫千军如卷席。有人泣,为营步步嗟何及!

这首词最早发表在《人民文学》一九六二年五月号。

注释:

〔反第二次大"围剿"〕红军在这次作战中仍取诱敌深入、集中优势兵力、各个击破敌人的战术。1931年5月16日,先对由富田(在吉安县城东南九十里)向东固(在吉安县城东南一百二十里)地区前进之敌一个师和一个旅突然猛攻,经一昼夜激战大部歼灭之。然后向东横扫,一直打到江西、福建两省的边境。5月31日,第二次反"围剿"胜利结束。前后共歼敌三万余人,缴枪两万余支。

〔白云山〕在江西省吉安县东南,吉安、泰和、兴国三县交界处,距东固西南十七里,是第二次反"围剿"中毛泽东、朱德指挥打第一仗的地方。

〔云欲立〕这里将云拟人化,意为面对来势汹汹的敌军,白云也怒气冲天,愤然而立。

〔呼声急〕指英勇红军的杀敌呐喊声越来越急速。

〔枯木朽株齐努力〕明末清初顾祖禹《〈读史方舆纪要〉总叙二》:"得其人,即枯木朽株皆可以为敌难。"本句说在红军包围歼灭国民党军队的时候,连枯木朽株也发挥了帮助红军反击敌军的作用。

〔枪林逼,飞将军自重霄入〕这是倒装笔法。枪林,枪械如林,言其多。飞将军,指矫捷勇猛的将军。《史记·李将军列传》:"(李)广居右北平,匈奴闻之,号曰'汉之飞将军'。"这里用来称赞行动隐蔽神速的红军。重霄,高空。当时红军隐蔽集结在山上,敌军由富田向东固地区进犯,红军突然从山上打到山下,好像飞将军从天而降。

〔七百里驱十五日,赣水苍茫闽山碧〕当时红军从赣江流域的富田地区打起,打到同江西省毗邻的福建省建宁地区(闽山,指那一带的武夷山),东西约七百里。战役从5月16日开始至31日结束。

〔横扫千军如卷席〕横扫,指当时红军由西向东打。千军,这里指敌军。如卷席,像卷席子一样把敌军消灭得干干净净。

〔有人泣,为营步步嗟(jiē,又读 juē)何及〕蒋介石鉴于第一次"围剿"冒进失败,这次"围剿"改用所谓"稳扎稳打,步步为营"的办法,但仍遭惨败,嗟叹莫及。蒋在这次"围剿"失败后召开军事会议,怒骂其部属无能,不禁伤心而泣。

菩萨蛮　大柏地

一九三三年夏

赤橙黄绿青蓝紫,谁持彩练当空舞?雨后复斜阳,关山阵阵苍。

当年鏖战急,弹洞前村壁。装点此关山,今朝更好看。

这首词最早发表在《诗刊》一九五七年一月号。

注释:

〔大柏地〕在江西省瑞金县城北六十里。1929 年 1 月,毛泽东和朱德率领红军由井冈山向赣南进军。2 月 10 日(正值春节)至 11 日,在大柏地击败尾追的国民党赣军刘士毅部,歼敌近两个团,俘敌团长以下八百余人,并缴获了大批武器。这是毛泽东和朱德率领的红军部队离开井冈山后打的第一个大胜仗。这首词是作者 1933 年重过大柏地时所作,当时他已被调离军事领导职务,专任政府工作。

〔赤橙黄绿青蓝紫〕这七种颜色,是太阳光谱的基本色,也是虹的颜色。虹由阳光照射在天空中浮游的水滴经折射和反射而形成。

〔彩练〕彩色的丝带,比喻虹。

〔雨后复斜阳〕化用唐温庭筠《菩萨蛮》词"雨后却斜阳"句。复,又。却,又。

〔关山阵阵苍〕关山,指大柏地周围险要的群山和隘口,是当时的战场。阵阵苍,是说在雨后时现时隐的斜阳照耀下,关山出现一阵一阵苍翠的颜色。一说"阵阵"指山阵。阵阵苍,是指绵延层叠的群山郁郁苍苍。现已因本词将大柏地的山改名为关山。

〔鏖(áo)战〕激烈的战斗。

〔洞〕射穿,作动词用。

〔前村〕前面的村子,指杏坑。现已因本词改名为前村。

〔装点〕装饰和衬托。

〔今朝(zhāo)更好看〕今朝,今天,现在。看,这里读平声 kān,与"山"押韵。

清平乐　会昌

一九三四年夏

东方欲晓,莫道君行早。踏遍青山人未老,风景这边独好。

会昌城外高峰,颠连直接东溟。战士指看南粤,更加郁郁葱葱。

这首词最早发表在《诗刊》一九五七年一月号。

注释:

〔会昌〕县名,在江西省东南部,东连福建省,南经寻乌县通广东省。早在1929年,毛泽东为开辟赣南根据地,就率领红军到过会昌,以后又常途经和居住在这里。这首词是1934年夏天作者在中共粤赣省委所在地会昌进行调查研究和指导工作时所作。

〔欲晓〕欲,将要。晓,天亮。

〔莫道君行早〕旧谚:"莫道君行早,更有早行人。"又见于《增广贤文》。莫道,不要说。本句的"君"指作者自己。这里暗指在阵地上做战备的部队战士是早行之人。

〔踏遍青山人未老〕作者自注:"一九三四年,形势危急,准备长征,心情又是郁闷的。这一首《清平乐》,如前面那首《菩萨蛮》(指《菩萨蛮·大柏地》——编注者)一样,表露了同一的心境。"本句中的"人"指作者自己。本句表露,作者在政治上受压的情况下,仍然十分关心党和红军的命运,竭力挽救危局,并充满自信。

〔风景这边独好〕风景,暗指形势。这边,指中央革命根据地南线。本句是说,唯有中央革命根据地南线的形势最好。这里暗示整个中央革命根据地,特别是北线形势危急。这是对"左"倾冒险主义的影射指责。

〔会昌城外高峰〕指会昌城西北的会昌山,又名岚山岭。作者在20世纪60年代曾回忆说:会昌有高山,天不亮我就去爬山。

〔颠连直接东溟(míng)〕颠连,山峰相连,起伏不断。东溟,指东海。

〔南粤〕古代地名,也叫南越,在今广东、广西一带。这里指广东。

〔郁郁葱葱〕这里指树木苍翠茂密,景色浓郁而迷蒙。

十六字令三首

一九三四年到一九三五年

山,快马加鞭未下鞍。惊回首,离天三尺三。(作者原注)

其 二

山,倒海翻江卷巨澜。奔腾急,万马战犹酣。

其 三

山,刺破青天锷未残。天欲堕,赖以拄其间。

【作者原注】

湖南民谣:"上有骷髅山,下有八面山,离天三尺三。人过要低头,马过要下鞍。"

这三首词最早发表在《诗刊》一九五七年一月号。

注释：

〔十六字令三首〕《十六字令》，词牌名，原名《归字谣》，是全首十六个字的小令。这三首词都描写作者在行军途中所经过的群山形势的险峻。那山，是作者内在心态、思想、感情和精神的外化。可以说，其明咏山，暗写作者长征的心路历程。

〔倒海翻江卷巨澜〕巨澜，大浪。这是以大浪的翻卷比喻群山的起伏。

〔万马战犹酣〕这是以山势的起伏比喻万马正畅快奔腾之状。酣，畅快。

〔锷(è)未残〕剑锋未残缺，比喻山峰的坚实峻峭。

〔拄(zhǔ)〕支撑。

忆秦娥　娄山关

一九三五年二月

西风烈,长空雁叫霜晨月。霜晨月,马蹄声碎,喇叭声咽。

雄关漫道真如铁,而今迈步从头越。从头越,苍山如海,残阳如血。

这首词最早发表在《诗刊》一九五七年一月号。

注释:

〔忆秦娥〕词牌名,相传因唐李白作的词中有"秦娥梦断秦楼月"的句子而得名。

〔娄山关〕在贵州省遵义城北娄山的最高峰上,是防守贵州北部重镇遵义的要冲。中央红军长征时,于1935年1月占领遵义,召开了具有伟大历史转折意义的遵义会议。会后,红军经娄山关北上,原准备在泸州和宜宾之间渡过长江,没有成功,就折回再向遵义进军,在途中经半天激战打败了扼守娄山关的贵州军阀王家烈部一个师,乘胜重占遵义。这首词写的就是这次攻克娄山关的战斗。上阕写红军拂晓时向娄山关进军的情景;下阕写红军攻占和越过徒称天险的娄山关时,太阳还没有落山。词的意境凄清,反映了当时作者的心情。作者自注:"万里长征,千回百折,顺利少于困难不知有多少倍,心情是沉郁的。过了岷山,豁然开朗,转化到了反面,柳暗花明又一村了。以下诸篇(按:1958年出版的《毛主席诗词十九首》,《忆秦娥·娄山关》排在《十六字令三首》之前,'以下诸篇'指《十六字令三首》《七律·长征》《念奴娇·昆仑》《清平乐·六盘山》),反映了这一种心情。"

〔西风烈,长空雁叫霜晨月〕似写秋季景象,实乃当地2月间的真实情景。

〔咽(yè)〕本义是声音因哽塞而低沉,这里用来描写在清晨寒风中听来时断时续的军号声。

〔漫道〕莫说,不要说。

〔从头越〕重新跨越,意谓无坚不摧的红军第二次越过天险娄山关。

〔苍山如海,残阳如血〕1962年作者回忆了这两句诗的产生,他说:是在战争中积累了多年的景物观察,一到娄山关这种战争胜利和自然景物的突然遇合,就造成了自以为颇为成功的这两句话。苍山如海,意为青山起伏,像海的波涛。残阳如血,意为夕阳鲜红,像血的颜色。

七律　长征

一九三五年十月

红军不怕远征难,万水千山只等闲。
五岭逶迤腾细浪,乌蒙磅礴走泥丸。
金沙水拍云崖暖,大渡桥横铁索寒。
更喜岷山千里雪,三军过后尽开颜。

这首诗最早发表在《诗刊》一九五七年一月号。

注释:

〔七律〕七言律诗的简称。七律是律诗的一种,每篇一般为八句,每句七个字;偶句末一字押平声韵,首句末字可押可不押,必须一韵到底;句内和句间要讲平仄,中间四句按常规要用对仗。

〔长征〕1934年10月间,中央红军主力从中央革命根据地出发做战略大转移,经过福建、江西、广东、湖南、广西、贵州、四川、云南、西康、甘肃、陕西等十一省,击溃了敌人多次的围追和堵截,战胜了军事上、政治上和自然界的无数艰险,行军二万五千里,终于在1935年10月到达陕北革命根据地。这首诗和《念奴娇·昆仑》《清平乐·六盘山》都是在长征取得胜利时所作。

〔万水千山只等闲〕万水千山,形容路途遥远艰险。唐贾岛《送耿处士》诗,有"万水千山路"句。只,仅仅,不过。等闲,平常。本句是说艰险的遥远征途在红军看来不过是平常之事。

〔五岭逶迤(wēiyí)腾细浪〕大庾(yǔ)、骑田、萌渚(zhǔ)、都庞、越城等五岭,绵延("逶迤")于江西、湖南、广东、广西四省之间。1934年10月,中央红军从福建、江西出发,沿这四省边境的五岭山道,越过敌人封锁线,向西进军。"腾细浪"是说险峻的五岭绵延起伏,在红军眼中只像水面吹起的细小的波浪。

〔乌蒙磅礴走泥丸〕乌蒙山绵延在贵州、云南两省之间,气势雄伟("磅礴")。走泥丸,本于《汉书·蒯通传》的"坂上走丸"。在斜坡上滚下泥丸来,跳动得快,看上去像一条起伏的线条。"走泥丸"是说气势雄伟的乌蒙山,在红军看来也只像滚动着的渺小的泥丸。

〔金沙水拍云崖暖〕金沙江,即长江上游自青海省玉树县至四川省宜宾县之间的一段。中央红军于1935年5月上旬在云南省禄劝县西北的皎平渡渡过了金沙江。云崖,江的两岸,是高耸入云的悬崖峭壁。暖,即暖翠,指晴明时青翠的山色。宋黄庭坚《追和东坡壶中九华》诗有"顿觉浮岚暖翠空"之句;元吴景奎《和韵春日》诗有"江上数峰浮暖翠"之句。本句"水拍"原作"浪拍"。作者自注:"水拍:改浪拍。这是一位不相识的朋友建议如此改的。他说不要一篇内有两个浪字,是可以的。"《诗刊》1957年1月号发表时已改为"水拍"。

〔大渡桥横铁索寒〕大渡河源出青海、四川两省交界处的果洛山。两岸都是高山峻岭,水势陡急,曲折流至四川省乐山县(今乐山市),入岷江。桥指大渡河上的泸定桥,在四川省泸定县,形势险要。桥长,三十丈左右,用十三根铁索组成,上铺木板。中央红军在1935年5月下旬到达泸定桥,当时桥板已被敌人拆掉,红军先头部队的英雄战士在对岸敌人的炮火中攀缘着桥的铁索冲了过去,夺得此桥。寒,指铁索给人寒冷的感觉。一说,指铁索放射的寒光。

〔岷山〕在四川省北部,绵延于四川、甘肃两省边境。岷山的南支和北支,有几十座山峰海拔超过四千五百米,山顶终年积雪,称为大雪山。

〔三军过后尽开颜〕三军,作者自注:"红军一方面军,二方面军,四方面军。不是海、陆、空三军,也不是古代晋国所作上军、中军、下军的三军。"开颜,笑,欢腾。本句寓有作者对红军三个方面军通过长征达到胜利会师的期盼。

念奴娇　昆仑

一九三五年十月

横空出世,莽昆仑,阅尽人间春色。飞起玉龙三百万,(作者原注)搅得周天寒彻。夏日消溶,江河横溢,人或为鱼鳖。千秋功罪,谁人曾与评说?

而今我谓昆仑:不要这高,不要这多雪。安得倚天抽宝剑,把汝裁为三截?一截遗欧,一截赠美,一截还东国。太平世界,环球同此凉热。

【作者原注】

前人所谓,"战罢玉龙三百万,败鳞残甲满天飞",说的是飞雪。这里借用一句,说的是雪山。夏日登岷山远望,群山飞舞,一片皆白。老百姓说,当年孙行者过此,都是火焰山,就是他借了芭蕉扇扇灭了火,所以变白了。

这首词最早发表在《诗刊》一九五七年一月号。

注释:

〔念奴娇〕词牌名,因唐代天宝年间的著名歌女念奴而得名。

〔昆仑〕山脉名称。其主脉在新疆维吾尔自治区和西藏自治区交界处,东段分三支伸展。其南支向东延伸后与岷山相接,因而红军长征时所经过的岷山,也可以看作昆仑山的一个支脉。

作者自注:"昆仑:主题思想是反对帝国主义,不是别的。改一句:一截留中国,改为一截还东国。忘记了日本人是不对的。这样,英、美、日都涉及了。别的解释,不合实际。"

〔横空出世〕横空,横在空中;出世,超出人世。形容山的高大和险峻。

〔莽〕即莽莽,形容山的无边无际。

〔阅尽人间春色〕这里将昆仑拟人化。阅尽,看足,看完,指看得多,看得久。人间春色,明写人间的春天景色,暗喻人世的兴衰变化。

〔飞起玉龙三百万〕玉龙,白色的龙;三百万是形容其多。这里是说终年积雪的昆仑山脉蜿蜒不绝,好像无数的白龙正在空中飞舞。

〔周天寒彻〕满天冷透。

〔江河横溢〕长江和黄河都洪水泛滥。

〔人或为鱼鳖〕人们也许要被洪水淹死。《左传·昭公元年》:"微(没有)禹,吾其鱼乎!"

〔千秋功罪〕指昆仑山脉几千年来,给长江、黄河提供水源和造成洪灾的"功"与"罪"。本词偏重于论"罪"。

〔安得倚天抽宝剑〕安得,怎能,怎样能够。传楚宋玉作《大言赋》:"方地为车,圆天为盖。长剑耿介,倚天之外。"唐李白《大猎赋》:"于是摧倚天之剑。"倚天,形容宝剑极长和带剑的人极高大。

〔把汝裁为三截〕汝,你。裁,割裂。截,段。

〔遗(wèi)〕赠予。

〔还东国〕首次发表时原作"留中国",1963年版《毛主席诗词》改为

"还东国"。还,返回,交回。东国,指中国、日本等东亚国家。

〔太平世界,环球同此凉热〕环球,全球,全世界。同此凉热,共同享受这凉热。这二句蕴含争取世界和平,消灭帝国主义,实现共产主义的理想。

"作者原注"注释:

〔前人〕指北宋张元。

〔战罢玉龙三百万,败鳞残甲满天飞〕张元咏雪诗句,始见南宋吴曾《能改斋漫录》卷十一,原作"战死玉龙三十万,败鳞风卷满天飞"。以后有关记载渐有出入。南宋魏庆之辑《诗人玉屑·知音》姚嗣宗条作"战退(旧时通行本作'战罢')玉龙三百万,败鳞残甲满天飞",似为作者原注所据。对此,作者后来曾自注:"宋人咏雪诗云:'战罢玉龙三百万,败鳞残甲满天飞。'昆仑各脉之雪,积世不灭,登高远望,白龙万千,纵横飞舞,并非败鳞残甲。夏日部分消溶,危害中国,好看不好吃,试为评之。"

〔当年孙行者过此〕是指当地居民传说《西游记》里的故事。

清平乐　六盘山

一九三五年十月

天高云淡,望断南飞雁。不到长城非好汉,屈指行程二万。

六盘山上高峰,红旗漫卷西风。今日长缨在手,何时缚住苍龙?

这首词最早发表在《诗刊》一九五七年一月号。

注释:

〔六盘山〕在宁夏回族自治区南部固原县西南,是六盘山山脉的主峰,险窄的山路要盘旋多重才能到达峰顶。毛泽东在1935年9月中旬率领中央红军进入甘肃省南部,10月上旬,突破敌人的封锁线,打垮了敌人的骑兵部队,胜利地越过六盘山。

〔望断南飞雁〕化用唐王维《寄荆州张丞相》诗:"目尽南飞雁,何由寄一言。"望断,犹目尽,放眼远望,望到看不见。古人有雁足传书之说,本句蕴含作者思念和关怀南方革命根据地红军和人民的深情。

〔长城〕指六盘山附近遗存的古长城。这里借指长征的目的地。

〔屈指行程二万〕屈指,扳着指头计算。行程二万,中央红军主力长征,从福建出发,到甘肃六盘山(现属宁夏),已经过十省,行军约二万里。

〔红旗漫卷〕红旗,首次发表时原作"旄头",1963年版《毛主席诗词》改为"红旗"。漫卷,随风翻卷。

〔今日长缨在手,何时缚住苍龙?〕化用南宋刘克庄《贺新郎》词:"问长缨何时入手,缚将戎主?"长缨,见《蝶恋花·从汀州向长沙》注。苍龙,古代传说中的一种凶神恶煞。《后汉书·张纯传》注:"苍龙,太岁也。"古代方士以太岁所在为凶方,因称太岁为凶神恶煞。

作者自注:"苍龙:蒋介石,不是日本人。因为当前全副精神要对付的是蒋不是日。"

沁园春　雪

一九三六年二月

　　北国风光,千里冰封,万里雪飘。望长城内外,惟馀莽莽;大河上下,顿失滔滔。山舞银蛇,原驰蜡象,(作者原注)欲与天公试比高。须晴日,看红装素裹,分外妖娆。

　　江山如此多娇,引无数英雄竞折腰。惜秦皇汉武,略输文采;唐宗宋祖,稍逊风骚。一代天骄,成吉思汗,只识弯弓射大雕。俱往矣,数风流人物,还看今朝。

【作者原注】

　　原指高原,即秦晋高原。

　　这首词最早发表在《诗刊》一九五七年一月号。在此之前,一九四五年十月,毛泽东在重庆曾将其书赠柳亚子(参看《七律·和柳亚子先生》〔索句渝州叶正黄〕注),因而被重庆《新民报晚刊》在十一月十四日传抄发表,以后别的报纸陆续转载,但多有讹误,不足为据。

注释：

〔雪〕这首词作于红一方面军1936年2月由陕北清涧县准备东渡黄河进入山西省西部的时候。作者在1945年10月7日给柳亚子信中说，这首词作于"初到陕北看见大雪时"。

作者自注："雪：反封建主义，批判二千年封建主义的一个反动侧面。文采、风骚、大雕，只能如是，须知这是写诗啊！难道可以谩骂这一些人们吗？别的解释是错的。末三句，是指无产阶级。"

〔北国〕我国北方的泛称。

〔望长城内外〕望，是词中的领字，领起以下七句。长城，这里指陕西、山西北部的长城。内外，内指长城以南地区，外指长城以北地区。

〔惟余莽莽〕惟余，只剩下。莽莽，本义形容原野无边无际，这里指原野白茫茫一片。

〔大河上下，顿失滔滔〕指黄河的上游和下游，因冰封而立刻消失滚滚的波浪。河，古代专指黄河。

〔山舞银蛇〕山，指陕西、山西北部的群山。舞，舞动。银，白色。本句意为连绵不断的群山，在大雪笼罩下好像无数白蛇在舞动。

〔原驰蜡象〕原，作者自注指"秦晋高原"，即指陕西、山西的黄土高原。驰，奔跑。蜡，蜡白，引申为极白。本句意为高低起伏的高原，在大雪笼罩下好像一群白象在奔跑。

〔欲与天公试比高〕欲与，要同。天公，对天拟人化的敬称。试比，即比试。本句意为，群山和高原在大雪笼罩下，共天一色，与天相接，好像要同长天比试高低。

〔须晴日，看红装素裹，分外妖娆（ráo）〕须，待，等到。红日和白雪互相映照，放眼望去好像内着红艳服装的美女外裹白色的外衣，格外娇媚。

〔江山如此多娇〕江山，本指江河与山岭，又借指国家的疆土。如此，这样。多娇，十分娇媚。

〔竞折腰〕折腰，倾倒，躬着腰侍候。这里是说争着为江山奔走操劳。

〔惜〕是词中的领字,领起以下七句。这里"惜"作"可惜"解。

〔秦皇汉武〕秦始皇嬴(yíng)政(前259—前210),秦朝的创业皇帝;汉武帝刘彻(前156—前87),汉朝功业最盛的皇帝。

〔略输文采〕文采本指辞藻、才华。"略输文采",是说秦皇汉武,武功甚盛,对比之下,文治方面的成就略有逊色。

〔唐宗宋祖〕唐太宗李世民(599—649),唐朝建立统一大业的皇帝;宋太祖赵匡胤(yìn)(927—976),宋朝开国皇帝。

〔稍逊风骚〕意近"略输文采"。风骚,本指《诗经》里的《国风》和《楚辞》里的《离骚》,后来泛指文章辞藻。

〔天骄〕汉时匈奴自称为"天之骄子"(《汉书·匈奴传》),后以"天骄"泛称强盛的边地民族。

〔成吉思汗(hán)〕元太祖铁木真(1162—1227)在1206年统一蒙古后的尊称,意思是"强者之汗"(汗是可汗的省称,即王)。后来蒙古在1271年改国号为元,成吉思汗被推尊为建立元朝的始祖。成吉思汗除占领中国黄河以北地区外,还曾向西远征,占领中亚和南俄,建立了庞大的帝国。

〔只识弯弓射大雕〕是说只以武功见长。雕,一种属于鹰类的大型猛禽,善飞难射,古代因用"射雕手"比喻高强的射手。

〔俱往矣〕都已过去了。

〔数(shǔ)风流人物,还看今朝(zhāo)〕数,计算起来,屈指一算。风流人物,这里指对国家历史发展有极大影响的人。今朝,今天,现在。还看今朝,意为还要看现在的无产阶级。

七律　人民解放军占领南京

一九四九年四月

钟山风雨起苍黄,百万雄师过大江。
虎踞龙盘今胜昔,天翻地覆慨而慷。
宜将剩勇追穷寇,不可沽名学霸王。
天若有情天亦老,人间正道是沧桑。

这首诗最早发表在人民文学出版社一九六三年十二月版《毛主席诗词》。

注释:

〔人民解放军占领南京〕1949 年 4 月 21 日,毛泽东主席和朱德总司令发出《向全国进军的命令》,号令全军坚决、彻底、干净、全部地歼灭中国境内一切敢于抵抗的国民党反动派,解放全中国。中国人民解放军百万大军即在西起江西湖口、东至江苏江阴的一千余里的战线上强渡长江,并于 4 月 23 日占领国民党反动政府的"首都"南京。

〔钟山风雨起苍黄〕钟山即紫金山,在南京市的东面。苍黄,同仓皇,状急遽、突然。本句是说南京突然遭到了革命暴风雨的袭击。

〔雄师〕即雄兵,指强有力的军队,这里指人民解放军。

〔虎踞(jù)龙盘〕形容地势优异。三国时诸葛亮看到吴国都城建业(今南京市南)的地势曾说:"钟山龙盘,石头虎踞,此帝王之宅。"(《太平御览》引《吴录》)石头即石头山,在今南京市的西面。

〔慨(kǎi)而慷〕感慨而激昂。东汉曹操《短歌行》诗:"慨当以慷。"

〔宜将剩勇追穷寇〕剩勇,即余勇。穷寇,走投无路的敌人。《后汉书·皇甫嵩传》:"兵法(指《司马兵法》),穷寇勿追。"作者在这里改变了这种说法,号召将革命进行到底,把敌人坚决、彻底、干净、全部地歼灭掉,不要留下后患。

〔不可沽名学霸王〕沽名,故意做作或用某种手段猎取名誉。秦朝末年,项羽(曾自封西楚霸王)和刘邦(后来的汉高祖)同时起兵反秦。刘邦先据秦都咸阳拒项羽。项羽歼灭了秦兵主力,拥四十万大军入咸阳。他当时为了避免"不义"之名,没有利用优势兵力消灭刘邦,后来反为刘邦所消灭。这里是说应从项羽的失败中得到教训,不可为了"和平"的虚名,给敌人以卷土重来的机会。

〔天若有情天亦老,人间正道是沧桑〕上句借用唐李贺《金铜仙人辞汉歌》中诗句,说的是汉武帝时制作的金铜仙人像,在三国时被魏明帝由长安迁往洛阳,铜人悲痛得落泪,天若有情,也要因悲伤而衰老。这里是说,天若有情,见到国民党统治的黑暗残酷,也要因痛苦而衰老。1964年1月,作者就英译者对本句诗的提问答复说:"这是借用李贺的句子。与人间比,天是不老的。其实天也有发生、发展、衰亡。天是自然界,包括有机界,如细菌、动物。自然界、人类社会,一样有发生和灭亡的过程。社会上的阶级,有兴起,有灭亡。"人间正道,人类社会发展的正常规律。沧桑,沧海(大海)变为桑田,这里比喻翻天覆地的革命性的发展变化。葛洪《神仙传》:"麻姑谓王方平曰:'接待以来,已见东海三为桑田。'"

七律　和柳亚子先生

一九四九年四月二十九日

饮茶粤海未能忘,索句渝州叶正黄。
三十一年还旧国,落花时节读华章。
牢骚太盛防肠断,风物长宜放眼量。
莫道昆明池水浅,观鱼胜过富春江。

这首诗最早发表在《诗刊》一九五七年一月号。

注释：

〔和(hè)柳亚子先生〕和,唱和。和诗,有用原诗韵的,有不用原诗韵而回答原诗的,本诗属后一种。柳亚子于1949年3月28日作《感事呈毛主席》一诗(见本篇附诗),这是作者的答诗。柳亚子(1887—1958),江苏吴江人。早年参加旧民主主义革命,是清末文学团体"南社"发起人和主要诗人之一。辛亥革命后,担任上海《天铎》《民声》《太平洋》等报主笔,继续宣传民主革命。1923年与邵力子、陈望道等发起成立新南社,任社长。1924年加入改组后的中国国民党,是著名的国民党左派。1948年1月,国民党革命委员会成立后,被选为中央常务委员兼秘书长。1949年中华人民共和国成立后,先后当选为中央人民政府委员和全国人民代表大会代表、常务委员会委员。著有《柳亚子诗词选》。

〔饮茶粤海未能忘〕粤海,指广州。1926年5月,柳亚子(国民党中央监察委员)赴广州出席国民党二届二中全会,同作者初次晤面。蒋介石向全会提出了所谓"整理党务案",旨在排斥共产党,夺取国民党党权。在这次会议上,毛泽东反对陈独秀的右倾机会主义,坚持反蒋的革命立场,何香凝、柳亚子等也支持了这一立场。"饮茶"句即指当时作者同柳亚子的交往。按:柳亚子在1941年《寄毛主席延安》诗中,曾有"粤海难忘共品茶"之句。

〔索句渝州叶正黄〕渝州,即重庆。毛泽东于1945年8月至10月曾到重庆,同国民党进行了四十多天的和平谈判。当时柳亚子曾索取诗稿,作者即手书《沁园春·雪》相赠。

〔三十一年还旧国〕旧国,过去的国都。作者1918年和1919年曾两次到过北京,到1949年北京(当时称北平)解放后再来,前后相距约三十一年。

作者自注:"三十一年:一九一九年离开北京,一九四九年还到北京。旧国之国:都城。不是State,也不是Country。"

〔落花时节读华章〕化用唐杜甫《江南逢李龟年》诗"落花时节又逢君"句。华章,美丽的诗篇,指柳亚子的感事诗。本句是说暮春时候读柳的感事诗。

〔牢骚太盛防肠断〕意思是说牢骚太多会损害健康。

〔放眼量〕阔大眼界去衡量,不必斤斤计较个人得失。

〔莫道昆明池水浅〕意为,不要说昆明池的水很浅。本句化用唐杜甫《秋兴八首》诗中"昆明池水汉时功"句。昆明池,这里指北京西郊颐和园内的昆明湖。当时柳亚子住在颐和园内。昆明湖,在明代称西湖。清乾隆年间将湖开拓,取汉武帝在长安开凿昆明池训练水战的故事,改称昆明湖。

〔观鱼胜过富春江〕观鱼,用《庄子·秋水》中庄子和惠施在安徽濠水桥上看水中游鱼的故事。一说,用鲁隐公观鱼的故事。《左传·隐公五年》载,隐公"将如棠观鱼",一个大臣以为他真是观鱼,大力劝阻,隐公无法,才说"吾将略地焉"。所以"观鱼"这个典故,含有谋划军国大事之意。富春江在浙江省桐庐和富阳两县境内,东汉时隐士严光(字子陵)曾在那里游钓。这句诗的意思是说,在颐和园的昆明湖观赏游鱼比在富春江更好。这是对柳亚子原诗"分湖便是子陵滩"而言。当时柳亚子想等他的家乡吴江县(今吴江市)的分湖解放后回去隐居,因此作者劝他,留在北京共商国是比隐居要好得多。

附：柳亚子原诗

七律　感事呈毛主席

开天辟地君真健，说项依刘我大难。
夺席谈经非五鹿，无车弹铗怨冯驩。
头颅早悔平生贱，肝胆宁忘一寸丹！
安得南征驰捷报，分湖便是子陵滩。（作者原注）

【作者原注】
　　分湖为吴越间巨浸，元季杨铁崖曾游其地，因以得名。余家世居分湖之北，名大胜村。第宅为倭寇所毁。先德旧畴，思之凄绝！

注释：
　　〔开天辟地君真健〕健，即健儿，引申为英雄。本句赞美毛泽东是真正的英雄，领导全国人民创建新中国功如开天辟地。
　　〔说项依刘我大难〕说项依刘，劝说项羽接受刘邦的领导。柳诗作时正值中共中央争取南京国民党政府接受和平解决方案，希望民主人士共同努力。柳在此处表示他虽也是国民党元老,自觉无能为力。一说,本句化用明张羽《寄刘仲鼎山长》诗"向人恐说项,何地可依刘"句,即用的是杨敬之到处讲项斯的好话和王粲去荆州依附刘表的故事。唐杨敬之《赠项斯》诗:"平生不解藏人善,到处逢人说项斯。"《三国志·魏书·王粲传》:"乃之荆州依刘表。表以粲貌寝而体弱通侻,不甚重也。"这句柳的意思是,说人好话、依附他人,自己很难做到。

〔夺席谈经非五鹿〕东汉戴凭驳倒许多讲经的学者,夺取了他们的讲席。(《后汉书·儒林·戴凭传》)又,西汉显贵、受宠的五鹿充宗讲《易经》,曾被朱云驳倒。(《汉书·朱云传》)柳这里借指自己有夺席谈经的学问,绝不是五鹿充宗那样依附权势、徒具虚名的人。

〔无车弹铗(jiá)怨冯驩(huān)〕战国时齐人冯驩投靠孟尝君田文。田文门下食客分三等:上等坐车,中等吃鱼,下等吃粗饭。冯驩列下等,他弹剑唱:"长铗归来乎,食无鱼。"田文把他列为中等,他又弹剑唱:"长铗归来乎,出无舆。"(《史记·孟尝君列传》)铗,剑,或说剑把。冯驩,《战国策·齐策四》作冯谖(xuān)。柳这里借指自己有冯驩出行无车那样的怨言。

〔头颅早悔平生贱〕柳亚子因反对蒋介石的专制独裁统治,曾遭通缉,但悬赏的赏格不是很高,所以他说早已悔恨自己的头颅价贱。

〔肝胆宁忘一寸丹〕柳的意思是说,对党和人民肝胆相照,怀有一颗红心。宁忘,怎能忘记,即怀有。

〔安得南征驰捷报〕怎能得到人民解放军南征传来的胜利消息。

〔分湖便是子陵滩〕分湖在柳亚子家乡的吴江县(今吴江市)。子陵滩,即七里滩,起自浙江建德梅城,迄于桐庐钓台,因东汉初严子陵曾在此隐居游钓而得名。这里柳指自己要回乡去隐居。

"作者原注"注释:

〔杨铁崖〕名维桢,字廉夫,元末明初诸暨(今浙江诸暨)人,当时的著名诗人。

〔先德旧畴〕先辈旧产。

浣溪沙　和柳亚子先生

一九五〇年十月

一九五〇年国庆观剧,柳亚子先生即席赋浣溪沙,因步其韵奉和。

长夜难明赤县天,百年魔怪舞翩跹,人民五亿不团圆。

一唱雄鸡天下白,万方乐奏有于阗,诗人兴会更无前。

这首词最早发表在《诗刊》一九五七年一月号。

注释:

〔浣溪沙〕词牌名,本是唐教坊曲名。

〔即席〕这里指就在座位上。

〔步韵〕照用他人诗词押韵的字依次押韵。

〔赤县〕指中国。《史记·孟子荀卿列传》介绍战国末驺(zōu)衍的说法:"中国名曰赤县神州。"

〔百年魔怪舞翩跹(piānxiān)〕自1840年中英鸦片战争时起,外国资本主义和帝国主义侵略者开始侵入中国。他们和他们的走狗在中国横行霸道,好似群魔乱舞。从那时到1949年中华人民共和国成立,已有一百多年的时间。

〔一唱雄鸡天下白〕唐李贺《致酒行》:"雄鸡一声天下白。"李贺诗句意谓天亮了。这里是化旧句表新意,喻指新的时代到来了。

〔万方〕这里指全国各民族。

〔乐奏〕1958年9月文物出版社出版的《毛主席诗词十九首》中误植为"奏乐",1963年人民文学出版社出版《毛主席诗词》时,照作者的意见改为"乐奏"。

〔于阗(tián)〕新疆维吾尔自治区西南部县名,1959年改于田。当地人民以能歌善舞著名。这里借指新疆文工团所表演的音乐歌舞节目。

〔诗人兴会更无前〕兴会,犹言兴致。无前,过去没有过。本句是说诗人柳亚子的兴致极高。

附:柳亚子原词

浣 溪 沙

十月三日之夕于怀仁堂观西南各民族文工团、新疆文工团、吉林省延边文工团、内蒙古文工团联合演出歌舞晚会,毛主席命填是阕,用纪大团结之盛况云尔!

火树银花不夜天。弟兄姊妹舞翩跹。歌声唱彻月儿圆。(作者原注)

不是一人能领导,那容百族共骈阗?良宵盛会喜空前!

【作者原注】

新疆哈萨克族民间歌舞有《圆月》一歌云。

注释:

〔毛主席命填是阕〕指毛泽东主席请柳亚子填写了这一首《浣溪沙》词。

〔火树银花〕状悬灯于树,这里喻灯火辉煌。

〔舞翩跹〕形容轻快地跳舞,状喜气洋洋。

〔唱彻〕意为唱得响彻云霄。

〔一人能领导〕指毛泽东主席领导得好。

〔骈阗〕聚会,会集。

〔空前〕过去没有过。

浪淘沙　北戴河

一九五四年夏

　　大雨落幽燕,白浪滔天,秦皇岛外打鱼船。一片汪洋都不见,知向谁边?

　　往事越千年,魏武挥鞭,东临碣石有遗篇。萧瑟秋风今又是,换了人间。

这首词最早发表在《诗刊》一九五七年一月号。

注释:

〔浪淘沙〕词牌名,本是唐教坊曲名。

〔北戴河〕在河北省东北部渤海边秦皇岛市西南海滨,是著名夏季休养地。

〔幽燕(yān)〕这里泛指河北省。我国古代的幽州和燕国,都在今河北省北部一带。

〔一片汪洋都不见〕汪洋,水宽广无边无际的样子。本句是说,只见白浪滔天,不见打鱼船。1964年1月,作者就英译者对本句的提问答复说:"是指渔船不见。"

〔谁边〕何处,哪里。

〔往事越千年,魏武挥鞭,东临碣(jié)石有遗篇〕汉献帝建安十二年(公元207年),曹操(155—220,后被尊称魏武帝)和乌桓族作战(挥鞭,即指跃马指挥作战)凯旋,曾经路过碣石一带。曹操的《步出夏门行》诗《观沧海》一章里说:"东临碣石,以观沧海。"碣石,据考古发现,在今辽宁省绥中县西南的近海里,西距山海关约三十里。遗篇,即指《观沧海》诗。

〔萧瑟秋风今又是〕这句诗由曹操《观沧海》诗里的"秋风萧瑟"句而引出。

水调歌头　游泳

一九五六年六月

才饮长沙水,又食武昌鱼。万里长江横渡,极目楚天舒。不管风吹浪打,胜似闲庭信步,今日得宽馀。子在川上曰:逝者如斯夫!

风樯动,龟蛇静,起宏图。一桥飞架南北,天堑变通途。更立西江石壁,截断巫山云雨,高峡出平湖。神女应无恙,当惊世界殊。

这首词最早发表在《诗刊》一九五七年一月号。

注释:

〔水调歌头〕词牌名。水调本是一种曲子,歌头是曲子的开头部分。这个词牌是根据水调的开头部分制成的。

〔游泳〕1956年6月,作者曾由武昌游泳横渡长江,到达汉口。

〔长沙水〕作者自注:"民谣:常德德山山有德,长沙沙水水无沙。所谓无沙水,地在长沙城东,有一个有名的'白沙井'。"

〔武昌鱼〕作者自注:"三国孙权一度从京口(镇江)迁都武昌,官僚、绅士、地主及其他富裕阶层不悦,反对迁都,造作口号云:宁饭扬州水,不食武昌鱼。那时的扬州人心情如此。现在变了,武昌鱼是颇有味道的。"按:此注有误记,据《三国志·吴书》记载,吴主孙皓一度从建业(故城在今南京市南)迁都武昌,反对迁都者造的童谣是:"宁饮建业水,不食武昌鱼。"武昌鱼,指古武昌(今鄂州市)樊口的鳊(biān)鱼,称团头鳊或团头鲂。

〔极目楚天舒〕极目,放眼远望。武昌、汉口一带在春秋战国时属于楚国的范围,所以作者把这一带的天空叫"楚天"。舒,舒展,开阔。北宋柳永《雨霖铃》:"暮霭沉沉楚天阔。"作者在1957年2月11日给黄炎培的信中说:"游长江二小时飘三十多里才达彼岸,可见水流之急。都是仰游侧游,故用'极目楚天舒'为宜。"

〔闲庭信步〕在安静的庭院里散步。

〔宽馀〕指神态舒缓,心情畅快。

〔子在川上曰:逝者如斯夫〕《论语·子罕》:"子在川上,曰:'逝者如斯夫!不舍昼夜。'"(孔子在河边,说道:"奔流而去的是这样匆忙啊!白天黑夜地不停留。")这两句诗由河水的流逝,借喻时间的推移、世事的变化。

〔风樯(qiáng)〕樯,桅杆。风樯,指帆船。

〔龟蛇〕龟山和蛇山。见《菩萨蛮·黄鹤楼》注。

〔起宏图〕拟定宏伟的计划,指建设武汉长江大桥和三峡大坝。

〔一桥飞架南北,天堑(qiàn)变通途〕一桥,指当时正在修建的武汉长江大桥。1958年版《毛主席诗词十九首》和1963年版《毛主席诗词》中,作者曾将此二句改为"一桥飞架,南北天堑变通途",后经作者同意恢复原句。天堑,天然的沟壕。古人把长江视为"天堑"。据《南史·孔范传》记载,隋伐陈,孔范向陈后主说:"长江天堑,古来限隔,虏军岂能飞渡?"通途,四通八达的大道。

〔更立西江石壁……当惊世界殊〕将来还打算在鄂西、川东长江三峡一带建立巨型水坝("西江石壁")蓄水发电,水坝上游原来高峡间狭窄汹涌的江面将变为平静的大湖。到那时,巫山一带的雨水被水坝拦阻也都流入这个"平湖"。巫山上的神女应当健在如故(无恙,指没有疾病),她看到这种意外的景象,一定会惊叹世界发生的巨大变化。巫山,在重庆市巫山县东南。巫山形成的峡谷巫峡和上游的瞿塘峡、下游的西陵峡合称三峡。巫山云雨,传楚宋玉《高唐赋·序》说,楚怀王在游云梦泽的高唐时曾梦与巫山神女遇,神女自称"旦为朝云,暮为行雨",这里只是借用这个故事中的字面和人物。

蝶恋花　答李淑一

一九五七年五月十一日

我失骄杨君失柳,杨柳轻飏直上重霄九。问讯吴刚何所有,吴刚捧出桂花酒。

寂寞嫦娥舒广袖,万里长空且为忠魂舞。忽报人间曾伏虎,泪飞顿作倾盆雨。

这首词最早发表在一九五八年一月一日湖南师范学院院刊《湖南师院》。

注释:

〔答李淑一〕这首词是作者写给当时的湖南长沙第十中学语文教员李淑一(1901—1997)的。词中的"柳"指李淑一的丈夫柳直荀烈士(1898—1932),湖南长沙人,作者早年的战友。1924年加入中国共产党,曾任湖南省政府委员,湖南省农民协会秘书长,参加过南昌起义。1930年到湘鄂西革命根据地工作,曾任红军第二军团政治部主任、第三军政治部主任等职。1932年9月在湖北洪湖革命根据地的"肃反"中被害。1957年2月,李淑一把她在1933年写的思念柳直荀的一首《菩萨蛮·惊梦》寄给作者,作者写了这首词答她。

〔骄杨〕意为值得骄傲的杨开慧烈士。这是对她英勇牺牲的赞美。杨开慧,见《贺新郎·别友》注。

〔杨柳轻飏(yáng)〕指两位烈士的忠魂升天。飏,飘扬。

〔重霄九〕即九重霄,天的最高处。我国古代神话认为天有九重。

〔问讯吴刚〕问讯,问候和讯问。吴刚,神话中月亮里的仙人。据唐段成式《酉阳杂俎》,月亮里有一棵高五百丈的桂树,吴刚被罚到那里砍树。桂树随砍随合,所以吴刚永远砍不断。

〔桂花酒〕也称桂酒。《楚辞·九歌·东皇太一》:"奠桂酒兮椒浆。"王逸注:"桂酒,切桂置酒中也。"

〔嫦娥〕神话中月亮里的女仙。据《淮南子·览冥训》,嫦娥(一作姮娥、恒娥)是羿(yì)的妻子,因为偷吃了羿从西王母那里求到的长生不死药而飞入月中。唐李商隐《嫦娥》:"嫦娥应悔偷灵药,碧海青天夜夜心。"

〔舒广袖〕伸展宽大的袖子,指舞蹈。唐李白《高句骊》诗有"翩翩舞广袖"句。

〔忽报人间曾伏虎,泪飞顿作倾盆雨〕忽然听到中国人民终于推翻了国民党政权统治的捷报,两位烈士的忠魂顿然高兴得泪流如雨。

〔舞、虎、雨〕这三个韵脚字跟上文的"柳、九、有、酒、袖"不同韵。作者自注:"上下两韵,不可改,只得仍之。"

七律二首　送瘟神

一九五八年七月一日

读六月三十日《人民日报》，余江县消灭了血吸虫。浮想联翩，夜不能寐。微风拂煦，旭日临窗。遥望南天，欣然命笔。

绿水青山枉自多，华佗无奈小虫何！
千村薜荔人遗矢，万户萧疏鬼唱歌。
坐地日行八万里，巡天遥看一千河。
牛郎欲问瘟神事，一样悲欢逐逝波。

其　二

春风杨柳万千条，六亿神州尽舜尧。
红雨随心翻作浪，青山着意化为桥。
天连五岭银锄落，地动三河铁臂摇。
借问瘟君欲何往，纸船明烛照天烧。

这两首诗最早发表在一九五八年十月三日《人民日报》。

注释：

〔送瘟神〕把迷信传说中的司瘟疫之神送走。意谓动员起来的群众力量同科学知识相结合，将有可能彻底消灭危害中国长江流域以南很多省份广大人民的血吸虫病。

〔余江县〕在江西省东北部。

〔浮想联翩〕种种想象接连而来。

〔微风拂煦〕微弱的风吹来温暖。

〔枉自〕徒然，白白地。

〔华佗无奈小虫何〕华佗，东汉末著名的医生。小虫，指血吸虫。本句意为新中国成立前不发动群众消灭它，就是名医也无能为力。

〔千村薜荔(bì)人遗矢〕化用五代谭用之《秋宿湘江遇雨》诗"暮雨千家薜荔村"句。薜荔，野生常绿藤本植物。千村薜荔，形容很多村落荒凉。矢，同屎。"人遗矢"，借用《史记·廉颇蔺相如列传》所记战国时赵国名将廉颇的故事。廉颇被废，虽老仍健，赵王想再起用他，但派去的使臣却捏造说他一会儿就拉了三次屎（"顷之，三遗矢矣"）。这里指血吸虫病流行地区病人下泻不止，濒于死亡。

〔万户萧疏鬼唱歌〕萧疏，萧条冷落。鬼唱歌，指病死者多，一片死寂。

〔坐地日行八万里，巡天遥看一千河〕上句化用唐李商隐《瑶池》诗"八骏日行三万里"句。人们住在地球上，因地球自转，于不知不觉中，一日已行了八万里路。地球赤道全长四万公里，合八万华里。地球在宇宙间转动，所以住在地球上的人们也在"巡天"。一千河，泛指宇宙中很多的星河。由此，"浮想联翩"的作者从农村的灾难转到同天上的牛郎谈话。

〔牛郎〕神话人物。神话传说牵牛星是由人间的牛郎变成的。

〔一样悲欢逐逝波〕逝波,一去不回的流水,借喻已过去的时间。这里是说人间的血吸虫病,在新中国成立前中国没有发动群众加以扑灭的时候,还是同牛郎在时一样,悲者自悲(指人民的悲苦),欢者自欢(指瘟神的得意),多少年头就这样流水似的过去了。

〔春风杨柳万千条〕化用北宋王安石《壬辰寒食》诗"客思似杨柳,春风千万条"句,并本于南宋陆游《柳》诗"杨柳春风千万条"句。

〔六亿神州尽舜尧〕意为中华人民共和国成立后中国的六亿人(当时人口约数)都是尧舜一样的圣人。尧和舜是古代历史传说中唐、虞两代的圣君。

〔红雨随心翻作浪,青山着意化为桥〕这里是把自然界拟人化,渲染"六亿神州尽舜尧"的得心应手。红雨,比喻桃花。唐李贺《将进酒》:"桃花乱落如红雨。"下句是说青山自己有意穿洞成为桥。

〔天连五岭银锄落,地动三河铁臂摇〕这里描写全国各工农业战线上,劳动人民改天换地的冲天干劲和英雄气概。五岭,绵延于江西、湖南、广东、广西四省之间,参看《七律·长征》注,这里泛指南方。银锄,这里指农民使用的闪着银光的锄头。三河,汉代把河东、河内、河南三郡称为三河之地(《史记·货殖列传》),原指今晋西南和豫西黄河两侧的一部分地方,这里泛指北方。铁臂,这里指工人使用的各种钢铁机器的长臂。

〔借问瘟君欲何往,纸船明烛照天烧〕旧时祭送水中鬼神有烧纸船、点蜡烛等习俗。这里是说瘟神("瘟君")在六亿人民的奋进中无处存身,只有逃离人间,人们为送瘟神烧纸船、点蜡烛的火光照耀天空。

七律　到韶山

一九五九年六月

一九五九年六月二十五日到韶山。离别这个地方已有三十二周年了。

> 别梦依稀咒逝川,故园三十二年前。
> 红旗卷起农奴戟,黑手高悬霸主鞭。
> 为有牺牲多壮志,敢教日月换新天。
> 喜看稻菽千重浪,遍地英雄下夕烟。

这首诗最早发表在人民文学出版社一九六三年十二月版《毛主席诗词》。

注释:

〔到韶山〕韶山在湖南省湘潭县,是作者的故乡。1927年1月,毛泽东在湖南考察农民运动时曾回到韶山。三个月以后,蒋介石发动了"四一二"反革命政变,随后5月21日湖南军阀许克祥在长沙袭击省总工会、省农民协会等革命团体,屠杀革命群众,这就是"马日事变"(旧时用韵目代日期,马日即21日)。当时韶山成立了农民自卫军,拿着枪和梭镖,准备配合其他农民武装力量进攻长沙。后来反动军队大举进攻韶山,农民自卫军在英勇抵抗后失败。作者于1959年6月25日至27日重返韶山,离1927年1月已经三十二年多。这首诗便是对于三十二年来的斗争和胜利的概括。

〔别梦依稀咒逝川〕别梦,离别的梦境。依稀,仿佛,模糊。逝川,一去不回的流水,喻指消逝的年代。本句意为久别重归,离别的梦境,仿佛诅咒着已消逝的国民党当局屠杀人民的年代。

〔红旗卷起农奴戟(jǐ),黑手高悬霸主鞭〕戟,古代的一种刺杀武器,这里指梭镖。黑手,反革命的血腥魔掌。霸主,指蒋介石。这两句是写那个时期的阶级斗争,意思是说,农民打起红旗、扛着梭镖进行武装暴动;蒋介石反革命的血腥魔掌,高举起罪恶的鞭子,即用国民党反动军队残酷镇压农民武装。

〔为有牺牲多壮志〕本句说因为有先烈的流血牺牲,更激发起革命者斗争的壮志。多,增多,引申为激发。

〔敢教日月换新天〕教,使。本句意为敢于使日月更新,改造新天地。

〔菽〕豆类的总称。

〔遍地英雄下夕烟〕意为到处有劳动英雄在黄昏时的烟雾里下工回家。

七律　登庐山

一九五九年七月一日

一山飞峙大江边,跃上葱茏四百旋。
冷眼向洋看世界,热风吹雨洒江天。
云横九派浮黄鹤,浪下三吴起白烟。
陶令不知何处去,桃花源里可耕田?

这首诗最早发表在人民文学出版社一九六三年十二月版《毛主席诗词》。

注释:

〔庐山〕在江西省北部,屹立在长江之南和鄱阳湖之北。

〔一山飞峙〕意为庐山高高地耸立在半空中。

〔跃上葱茏四百旋〕葱茏,草木青翠茂盛,这里指山顶。庐山登山公路建成于1953年,全长三十五公里,盘旋约四百转。

〔冷眼向洋看世界〕以冷静甚至轻蔑的眼光,面对着外洋,观察世界形势。

〔九派〕见《菩萨蛮·黄鹤楼》注。《十三经注疏》本《尚书·禹贡》

"九江"注:"江于此州界分为九道。"明李攀龙《怀明卿》:"豫章(今南昌)西望彩云间,九派长江九叠山。"作者在1959年12月29日致钟学坤的复信上说:"九派,湘、鄂、赣三省的九条大河。究竟哪九条,其说不一,不必深究。"

〔黄鹤〕这里状浮云的形态。

〔三吴〕古代指江苏省南部、浙江省北部的某些地区,具体说法不一。这里泛指长江下游。作者在1959年12月29日致钟学坤的复信上说:"三吴,古称苏州为东吴,常州为中吴,湖州为西吴。"

〔陶令〕指陶潜(365—427),一名渊明,字元亮,东晋诗人。他曾经做过彭泽县令,故称陶令。据《南史·陶潜传》记载,他曾经登过庐山。他是浔阳柴桑人,辞官后归耕之地,离庐山也不远。

〔桃花源里可耕田〕桃花源,是陶潜的理想境界。他曾作《桃花源记》,文中说秦时有些人逃到一个偏僻宁静的"桃花源"地方避乱,从此与世隔绝,过着和平的、没有剥削的劳动生活。本句提出反问,答案是明确的。诗人认为,通过人民公社化运动对小农经济的进一步改造,中国农村出现了新的"桃花源",是有利于农业生产的。

七绝　为女民兵题照

一九六一年二月

飒爽英姿五尺枪,曙光初照演兵场。

中华儿女多奇志,不爱红装爱武装。

这首诗最早发表在人民文学出版社一九六三年十二月版《毛主席诗词》。

注释：

〔七绝〕七言绝句的简称。这首为七言律绝,是绝句的一种。七言律绝,每篇四句,每句七个字；偶句末字押平声韵,首句末字可押可不押；句内和句间要讲平仄；可用也可不用对仗,以不用对仗者为多。

〔飒爽英姿〕飒爽,形容敏捷勇健。英姿,英俊威武的风度姿态。唐杜甫《丹青引赠曹将军霸》："英姿飒爽来酣战。"

〔曙光〕破晓时的阳光。

〔演兵场〕旧称演武场,即练兵场。

〔儿女〕本义指子女或男女,这里为偏义复词,特指女青年。

〔红装〕即红妆,指妇女艳丽的装束。

〔武装〕这里指军人的装束。

七律　答友人

一九六一年

九嶷山上白云飞,帝子乘风下翠微。
斑竹一枝千滴泪,红霞万朵百重衣。
洞庭波涌连天雪,长岛人歌动地诗。
我欲因之梦寥廓,芙蓉国里尽朝晖。

这首诗最早发表在人民文学出版社一九六三年十二月版《毛主席诗词》。

注释:

〔答友人〕这首诗写作者对湖南的怀念和祝愿。友人即周世钊。作者曾将原题《答周世钊》改为"答周世钊同学",后改定为"答友人"。周世钊(1897—1976),湖南宁乡人,是作者在湖南省立第一师范学校的同学,曾加入新民学会。当时任湖南省副省长。中华人民共和国成立后与作者信件来往颇多,并有诗词唱和。1961年12月26日作者给周的信中,在引用"秋风万里芙蓉国,暮雨千家薜荔村"(见本诗〔芙蓉国〕注)、"西南云气开衡岳,日夜江声下洞庭"(岳麓山联语)两联以后说:"同志,你处在这样的环境中,岂不妙哉?"可以与本诗相互印证。

〔九嶷(yí)山〕又名苍梧山,在湖南省南部宁远县城南六十里。传说舜帝南游死于苍梧,即葬其地。

〔帝子〕指尧帝女娥皇、女英,同嫁舜帝为妃。

〔翠微〕轻淡青葱的山色。也指"未及山顶"的高处(《尔雅·释山》疏)。《慎夏漫笔》:"凡山远望之则翠,近之翠渐微,故曰翠微。"

〔斑竹一枝千滴泪〕本于清洪昇《稗畦集·黄式序出其祖母顾太君诗集见示》诗:"斑竹一枝千点泪,湘江烟雨不知春。"相传舜帝死后,二妃寻至湘江,悲悼不已,泪洒竹上,成为斑点,称为斑竹,又称湘妃竹。

〔红霞万朵百重衣〕本句蕴含作者怀念杨开慧烈士之意,杨小名霞姑,"红霞"与霞姑之名相应。作者在1975年曾回忆说,"他的七律《答友人》'斑竹一枝千滴泪,红霞万朵百重衣',就是怀念杨开慧的,杨开慧就是霞姑嘛!"(见杨建业《在毛主席身边读书——访北京大学中文系讲师芦荻》)

〔洞庭〕洞庭湖,在湖南省北部。

〔雪〕形容白浪。

〔长岛〕长沙橘子洲,因南北狭长故称,这里代指长沙。

〔我欲因之梦寥廓〕化用唐李白《梦游天姥吟留别》诗"我欲因之梦吴越"句。之,代词,这里代指杨开慧烈士。寥廓,广阔的境界。

〔芙蓉国里尽朝(zhāo)晖〕五代谭用之《秋宿湘江遇雨》:"秋风万里芙蓉国,暮雨千家薜荔村。"芙蓉国是说木芙蓉花到处盛开的地方,这里指湖南省。朝晖,早晨的阳光,今常用以形容蓬勃向上的新气象。这是作者称颂湖南美好的今天,也是祝愿湖南有美好的未来。

七绝　为李进同志题所摄庐山仙人洞照

一九六一年九月九日

暮色苍茫看劲松,乱云飞渡仍从容。
天生一个仙人洞,无限风光在险峰。

这首诗最早发表在人民文学出版社一九六三年十二月版《毛主席诗词》。

注释:

〔为李进同志题所摄庐山仙人洞照〕李进,即江青,又名李云鹤。仙人洞,在庐山佛手岩下,牯岭之西,高约两丈,深广各三四丈,传为唐朝仙人吕洞宾所居,故名。洞外有苍松。洞的左前方有一巨石,上刻"纵览云飞"四个大字。作者曾在1959年7月5日游览过庐山仙人洞。

〔乱云飞渡仍从容〕意为飞渡的乱云依然形态舒缓悠然。作者曾说过,他喜欢乱云。关于该句中的"从容"是"松从容"还是"云从容",理解上有分歧。1964年1月,作者在回答毛泽东诗词英译者提问时明确回答:"是云从容,不是松从容。"

〔无限风光在险峰〕无限风光,形容风景非常美好。险峰,指险峻的山峰。

七律　和郭沫若同志

一九六一年十一月十七日

一从大地起风雷,便有精生白骨堆。
僧是愚氓犹可训,妖为鬼蜮必成灾。
金猴奋起千钧棒,玉宇澄清万里埃。
今日欢呼孙大圣,只缘妖雾又重来。

这首诗最早发表在人民文学出版社一九六三年十二月版《毛主席诗词》。

注释:

〔和郭沫若同志〕1961年10月间,浙江省绍剧团在北京演出根据《西游记》第二十七回白骨精故事改编的绍剧《孙悟空三打白骨精》。郭沫若看过戏作了一首诗,借以反对当时所说的现代修正主义。本诗的主旨与郭诗相同(这也是作者此后大多数诗词的主题),只是不同意郭诗敌视被白骨精欺骗的唐僧的观点。郭读本诗后表示接受作者的意见。郭沫若(1892—1978),四川乐山人,现代著名文学家和历史学家,曾任中国科学院院长兼历史研究所所长。

〔一从大地起风雷〕一从,即自从。大地,喻指世界。风雷,暴风与雷霆,这里比喻无产阶级革命。本句意为,自从世界上发生了无产阶级革命。

〔精生白骨堆〕指白骨精。《西游记》第二十七回说,白骨精是从"一堆粉骷髅"里变出来的。这里喻指当时所说的现代修正主义。

〔愚氓(méng)〕氓,古义通"民"。愚氓,愚蠢的人。

〔鬼蜮(yù)〕蜮,古代传说中水里一种暗害人的怪物。鬼蜮,即鬼怪,后来比喻阴险作恶的人。

〔金猴奋起千钧棒〕金猴,指孙悟空,他炼就金刚不坏之体。钧,为三十斤。《西游记》第三回说,孙悟空的金箍棒重一万三千五百斤。本句是说,无产阶级革命者拿起马列主义锐利武器,迎头痛击现代修正主义者。

〔玉宇澄清万里埃〕玉宇,澄净如玉的天空。埃,微尘,指妖雾。本句意为歼灭妖精,扫除妖雾。

〔孙大圣〕孙悟空在花果山时自称"齐天大圣"。这里喻指坚持马列主义的无产阶级革命者。

〔只缘妖雾又重来〕意思是说,只因为现代修正主义者的反革命迷雾又重新来了。

附：郭沫若原诗

七律　看《孙悟空三打白骨精》

人妖颠倒是非淆，对敌慈悲对友刁。
咒念金箍闻万遍，精逃白骨累三遭。
千刀当剐唐僧肉，一拔何亏大圣毛。
教育及时堪赞赏，猪犹智慧胜愚曹。

注释：

〔人妖颠倒是非淆〕意为唐僧把妖精当人，混淆是非。

〔对友刁〕指唐僧对孙悟空一再刁难。

〔咒念金箍〕指唐僧念"紧箍咒"折磨孙悟空。

〔累三遭〕接连三次。

〔千刀当剐唐僧肉〕意为唐僧肉活该千刀万剐。这里作者错把唐僧比喻为当时所说的现代修正主义。

〔大圣毛〕这是双关语。一指孙悟空身上的毫毛，一指大圣人毛泽东。

〔猪犹智慧胜愚曹〕愚曹，愚蠢之辈。本句意为猪八戒还比较聪明，胜过唐僧这样的愚蠢之辈。

卜算子　咏梅

一九六一年十二月

读陆游咏梅词,反其意而用之。

风雨送春归,飞雪迎春到。已是悬崖百丈冰,犹有花枝俏。

俏也不争春,只把春来报。待到山花烂漫时,她在丛中笑。

这首词最早发表在人民文学出版社一九六三年十二月版《毛主席诗词》。

注释:

〔卜算子〕词牌名。唐骆宾王作诗喜用数目字,人称他为"卜算子",词牌由此得名。

〔陆游〕(1125—1210)字务观,号放翁,山阴(今浙江绍兴)人。南宋爱国大诗人。他生当南宋朝廷向北方金国委曲求和的时代,爱国抱负不为时用,晚年退居家乡。他的《咏梅》词流露出孤芳自赏的心境,凄凉抑郁的调子。本词用陆游原词牌、原词题,但情调完全相反,所以说"反其意而用之"。本词所咏梅花,暗喻中国共产党人和中国人民。

〔风雨送春归〕化用或借用古代诗人的成句。北宋苏轼《和秦太虚梅花》诗:"不知风雨卷春归。"明唐寅《黄莺儿》曲:"风雨送春归。"

〔已是悬崖百丈冰〕本句以寒冬景象喻指国际形势严峻,当时正是"帝、修、反"(即帝国主义、修正主义、反动民族主义,是国际上反华势力的合称)进行反华大合唱最嚣张的时候。

〔俏也不争春〕俏,容态轻盈美好。本句意为梅花开得俏丽,不是要同别的花在春天争奇斗艳。

〔只把春来报〕只是把春天的消息向群芳和人们预报。

〔山花烂漫〕满山遍野百花盛开,色彩艳丽。

附:陆游原词

卜算子　咏梅

驿外断桥边,寂寞开无主。已是黄昏独自愁,更著风和雨。

无意苦争春,一任群芳妒。零落成泥碾作尘,只有香如故。

注释:

〔驿(yì)外〕指驿站附近。古代官办的供传递公文的人中途住宿和换马的处所,称驿站。

〔开无主〕指无人欣赏的开在野外的梅花。

〔更著风和雨〕著,"着"的本字。本句意为,再加上受着风和雨的摧残。

〔一任群芳妒〕任凭群芳妒忌。作者暗喻自己受人嫉妒。

〔零落成泥碾作尘,只有香如故〕梅花凋谢后被轧碎为尘土,惟独它的幽香不变。作者暗喻不管遭到什么磨难,将继续保持自己的品德和节操。

七律　冬云

一九六二年十二月二十六日

雪压冬云白絮飞，万花纷谢一时稀。
高天滚滚寒流急，大地微微暖气吹。
独有英雄驱虎豹，更无豪杰怕熊罴。
梅花欢喜漫天雪，冻死苍蝇未足奇。

这首诗最早发表在人民文学出版社一九六三年十二月版《毛主席诗词》。

注释：

〔冬云〕这首诗作者用象征、比兴和对比手法，表现了当时国际上严峻的反华局势以及中国共产党人不惧强暴的大无畏精神和敢于斗争的英雄气概。作诗日期12月26日（作者的生日），在当年冬至节后的第四天。旧说"冬至一阳生"，所以诗中说"大地微微暖气吹"，这里是比喻虽在冬至，大地并没有完全被寒流控制。

〔白絮〕柳絮，比喻纷飞的雪花。

〔英雄〕喻指中国共产党人和革命人民。

〔虎豹〕虎和豹,皆为猛兽,这里比喻凶恶的敌人,喻指美帝国主义。

〔豪杰〕喻指坚持马列主义的中国革命者。

〔熊罴(pí)〕熊和罴,皆为猛兽,这里比喻凶恶的敌人,喻指苏联霸权主义。罴,熊的一种,现在叫马熊或人熊。

〔梅花〕喻指中国共产党人和革命人民。

〔苍蝇〕喻指卑污渺小的反华势力。

满江红　和郭沫若同志

一九六三年一月九日

小小寰球,有几个苍蝇碰壁。嗡嗡叫,几声凄厉,几声抽泣。蚂蚁缘槐夸大国,蚍蜉撼树谈何易。正西风落叶下长安,飞鸣镝。

多少事,从来急;天地转,光阴迫。一万年太久,只争朝夕。四海翻腾云水怒,五洲震荡风雷激。要扫除一切害人虫,全无敌。

这首词最早发表在人民文学出版社一九六三年十二月版《毛主席诗词》。

注释:

〔满江红〕词牌名。唐人有《上江虹》,后改用今名。

〔和郭沫若同志〕1963年1月1日,郭沫若在《光明日报》发表《满江红》词歌颂毛泽东领导的革命斗争,赞扬反修。作者读郭词后写了这首和词。

〔寰(huán)球〕指地球、全世界。

〔苍蝇〕见《七律·冬云》注。

〔蚂蚁缘槐夸大国〕唐李公佐小说《南柯太守传》载：有个叫淳于棼（fén）的人，在槐树下喝醉酒，梦见自己在"大槐安国"做了驸马，又在南柯郡当了二十年太守，权势显赫。醒后才知槐安国原来是大槐树洞中的蚂蚁窝。

〔蚍蜉撼树〕蚍蜉，大蚂蚁。撼，摇动。这是对不自量力的人的嘲笑。唐韩愈《调张籍》诗："蚍蜉撼大树，可笑不自量。"

〔正西风落叶下长安，飞鸣镝（dí）〕长安，唐朝都城，即今西安市。这里喻指苏联首都莫斯科。前半句化用唐贾岛《忆江上吴处士》诗"秋风生渭水，落叶满长安"句，表示秋风已起，虫子不好过了。鸣镝，古时一种射出去能发声音的箭，也叫响箭。这里借喻革命力量的声讨。

〔光阴迫〕时间急促。

〔朝（zhāo）夕〕形容时间非常短。

〔四海翻腾云水怒〕四海，古人认为中国四周都是海，指全国各处。云水，隐喻革命精神。怒，形容气势很盛。本句是说，全国各处的革命精神有如云翻水腾似的气势正盛。

〔五洲震荡风雷激〕五洲，亚洲、非洲、欧洲、美洲、大洋洲，指全世界。风雷，隐喻革命运动。激，意为猛烈。本句是说，世界各地的革命运动有如风荡雷震似的猛烈开展。

〔一切害人虫〕喻指世界上一切反华势力。

〔全无敌〕指革命力量势不可当，无敌于天下。

附：郭沫若原词

满 江 红

沧海横流,方显出英雄本色。人六亿,加强团结,坚持原则。天垮下来擎得起,世披靡矣扶之直。听雄鸡一唱遍寰中,东方白。

太阳出,冰山滴;真金在,岂销铄?有雄文四卷,为民立极。桀犬吠尧堪笑止,泥牛入海无消息。迎东风革命展红旗,乾坤赤。

注释：

〔沧海横流〕沧海,即大海。横流,指海水泛滥。这里喻指动荡的国际局势。

〔世披靡〕世界倒下去。披靡,本义草木随风倒下。

〔寰中〕指宇内、天下。

〔岂销铄(shuò)〕岂,即岂可,用反问的语气表示"不可以"。销铄,溶化,消除。

〔雄文四卷〕指《毛泽东选集》第一至四卷。

〔为民立极〕立极,树立准则。本句意为毛泽东著作为人民树立了革命斗争的行动准则。

〔桀犬吠尧堪笑止〕桀是夏代最末一个帝王,是个暴君。尧即唐尧,是古代历史传说中的圣君。西汉邹阳《狱中上梁王书》:"桀之犬可使吠尧"。(《汉书·邹阳传》)堪笑止,可笑至极。桀犬,隐喻现代修正主义者。尧,隐喻伟大的马克思主义者毛泽东。

〔泥牛入海无消息〕北宋僧道原《景德传灯录》:"我见两个泥牛斗入海,直至如今无消息。"元代尹廷高《送无外僧弟归奉庐墓》有"泥牛入海无消息"之句。这里意为一去不回,杳无音信。

〔乾坤赤〕乾坤,这里指世界。赤,红色。世界一片红,寓意为无产阶级革命在全世界取得胜利。

七律　吊罗荣桓同志

一九六三年十二月

记得当年草上飞,红军队里每相违。
长征不是难堪日,战锦方为大问题。
斥鷃每闻欺大鸟,昆鸡长笑老鹰非。
君今不幸离人世,国有疑难可问谁?

这首诗最早发表在一九七八年九月九日《人民日报》。

注释:

〔罗荣桓〕(1902—1963)湖南衡山人。1927年加入中国共产党,曾参加湘赣边界秋收起义。1930年起,历任红军第四军政治委员,第一军团、江西军区、第八军团政治部主任,八路军第一一五师政治部主任、政治委员兼代理师长,山东军区司令员兼政治委员,中共中央山东分局书记,中国人民解放军第四野战军第一政治委员,中国人民解放军总政治部主任等职。在中共八届一中全会上当选为中央政治局委员。1963年12月16日在北京逝世。

〔一九六三年十二月〕这首诗1978年发表时所署写作时间,是根据原在毛泽东身边做医护工作并曾帮他保存诗稿的吴旭君的回忆。但现在仅存的一份手稿,从笔迹鉴定,当是作者在1973年冬罗荣桓逝世十周年时据原作回忆而改写的。

〔记得当年草上飞〕本句借用传为唐黄巢《自题像》诗句。当年,这里指土地革命战争时期,即红军时期。草上飞,指红军行军打仗行动迅速。

〔每相违〕常有不同意见的争论。

〔长征不是难堪日,战锦方为大问题〕由于罗荣桓曾长期同林彪共事,所以诗中提到林的事。1935年1月遵义会议后,毛泽东在贵州、四川、云南境内率领中央红军迂回作战,摆脱了强敌的围堵,取得了战略转移具有决定意义的胜利。在迂回过程中,部队经常需要急行军。林彪曾在同年5月在四川南部会理城郊召集的中共中央政治局会议前夜写信给中央革命军事委员会,认为这样"走弓背路"要"拖垮军队",要求改变军委领导。林的这个要求被政治局会议完全拒绝。这个问题的解决没有遇到什么困难,不是难以忍受的。"战锦"是指1948年9、10月间攻打锦州,即辽沈战役的第一个和关键性的大仗。毛泽东在9月7日为中央军委写的给林彪、罗荣桓等的电报(《毛泽东选集》第四卷)早已详细说明攻打锦州的重大意义及同先打长春的利害得失的比较,但林彪仍然找出种种理由来一再反对。罗荣桓是主张执行中央军委和毛泽东的战略决策的,所以诗中特意提及。

〔斥鷃(yàn)每闻欺大鸟〕斥鷃,即鹌鹑,是蓬间雀,在蓬蒿中飞起来不过几丈高。《庄子·逍遥游》说,斥鷃笑鹏鸟飞得太高,认为自己在蓬蒿中飞翔,也是飞得最好了。此句和下句作者用比兴手法对林彪和罗荣桓的人品作对比与褒贬。

〔昆鸡长笑老鹰非〕昆鸡,古说即鹍鸡或鶤鸡,一种大鸡。《尔雅·释畜》:"鸡三尺为鶤。"俄国克雷洛夫寓言《鹰和鸡》中说,鹰因为低飞而受到鸡的耻笑,认为鹰飞得跟鸡一样低;鹰答道:鹰有时比鸡还飞得低,但鸡永远不能飞得像鹰那样高。

〔国有疑难可问谁〕此句表现了作者对罗荣桓十分倚重,并对他的过早逝世的异常痛惜。

贺新郎　读史

一九六四年春

　　人猿相揖别。只几个石头磨过,小儿时节。铜铁炉中翻火焰,为问何时猜得,不过几千寒热。人世难逢开口笑,上疆场彼此弯弓月。流遍了,郊原血。

　　一篇读罢头飞雪,但记得斑斑点点,几行陈迹。五帝三皇神圣事,骗了无涯过客。有多少风流人物?盗跖庄𫏋流誉后,更陈王奋起挥黄钺。歌未竟,东方白。

　　这首词最早发表在《红旗》一九七八年第九期。

注释:

　　〔一九六四年春〕这首词1978年发表时所署写作时间,是根据原在毛泽东身边做医护工作并曾帮他保存诗稿的吴旭君的回忆。

　　〔人猿相揖别〕指由猿进化到人。相揖别,互相作揖告别,是对猿的拟人化。

　　〔石头磨过〕把石头磨成石器。石器时代是人类的"小儿时节"。

　　〔铜铁炉中翻火焰〕指青铜器时代和铁器时代。青铜器和铁器都要用炉火来冶炼和翻铸。

〔为问何时猜得〕如问什么时候懂得冶炼青铜和铁。

〔不过几千寒热〕这里作六字句,是此调的一体。赵朴初曾提出,照词律,这里一般是七字句,当作"不过是几千寒热"。青铜器时代和铁器时代只经过几千年,和石器时代经过二三百万年不同,说明人类的进化越来越快。

〔人世难逢开口笑,上疆场彼此弯弓月〕前句借用宋洪适《满江红》词"人世难逢开口笑"之句,并化用唐杜牧《九日齐山登高》诗句:"尘世难逢开口笑。"弯弓月,拉满弓形如圆月。北宋苏轼《江城子·密州出猎》:"会挽雕弓如满月。"这两句指人类过去的历史充满了各种苦难和战争。

〔郊原〕郊外,原野。

〔一篇读罢头飞雪〕一篇,特指一部中国历史。读罢,读完。头飞雪,头生白发,形容衰老。

〔但〕只,仅。

〔陈迹〕过去所做的事情。

〔五帝三皇神圣事〕五帝三皇,依序应作三皇五帝,这里按平仄格律改了词序。传说中国上古有三皇五帝,具体说法不一,总之都被认为是最高尚、最有才能的神圣人物。

〔无涯过客〕无涯,无数。过客,这里指历史上的人,都已过去了。

〔风流人物〕见《沁园春·雪》注。

〔盗跖(zhí)庄蹻(jué)流誉后,更陈王奋起挥黄钺(yuè)〕盗跖,跖被古代统治阶级污蔑为"盗",后来袭称盗跖,春秋时人。庄蹻,战国时人。近人多认为他们分别是奴隶起义和农民起义领袖。《荀子·不苟》称盗跖"名声若日月"。同书《议兵》称楚国在垂沙一战(前301)被齐、韩、魏三国打败,将领唐蔑被杀,"庄蹻起,楚分而为三四"。流誉,流传名誉。陈王,秦末农民起义领袖陈胜,他进占陈县(今河南淮阳县),称王。黄钺,饰以黄金的大斧。《史记·周本纪》:周武王"以黄钺斩(商)纣头,悬大白旗"。这两句是用来概括中国几千年历史上被压迫人民的武装斗争。

〔歌未竟〕歌,即歌颂,特指歌颂奴隶起义和农民起义领袖。未竟,没有完毕。

〔东方白〕天已亮了,喻指新中国诞生了。

水调歌头　重上井冈山

一九六五年五月

久有凌云志,重上井冈山。千里来寻故地,旧貌变新颜。到处莺歌燕舞,更有潺潺流水,高路入云端。过了黄洋界,险处不须看。

风雷动,旌旗奋,是人寰。三十八年过去,弹指一挥间。可上九天揽月,可下五洋捉鳖,谈笑凯歌还。世上无难事,只要肯登攀。

这首词最早发表在《诗刊》一九七六年一月号。

注释:

〔重上井冈山〕井冈山,见《西江月·井冈山》注。1965年5月下旬,作者重上井冈山游览视察。22日,先后到黄洋界和茨坪。在茨坪居住时,了解井冈山地区水利、公路建设和人民生活,会见了老红军、烈士家属、机关干部和群众。在这期间写了这首词。29日下山。

〔凌云志〕一语双关,既指重新登上高耸入云的井冈山的意愿,也指实现崇高的革命志愿。

〔高路〕指直达山顶的盘山公路。

〔过了黄洋界,险处不须看〕黄洋界,见《西江月·井冈山》注。不须,不必。这二句是说,黄洋界在井冈山五大哨口中形势最为险要,过了黄洋界,其余险要的哨口就不必看了。

〔风雷动,旌旗奋,是人寰〕风雷,喻指革命运动。旌旗,各种旗子的通称。人寰,即人间。这三句是说,革命运动如疾风迅雷,各种旗子在迎风飘扬,这正是人世间的景象。

〔三十八年过去,弹指一挥间〕从1927年10月毛泽东率领秋收起义部队上井冈山,到这次重来,已经过去了三十八年,作者却觉得只是极短的时间。弹指,是一弹指的省略语,佛家以"弹指"极言时间短暂。一挥,即一挥手,也形容时间短暂。

〔九天揽月〕九天,天的极高处。《孙子·形》:"善攻者,动于九天之上。"揽月,摘取月亮。唐李白《宣州谢朓楼饯别校书叔云》:"俱怀逸兴壮思飞,欲上青天览明月。"览同揽。九天揽月,暗喻要实现宏大的革命目标。

〔五洋捉鳖〕五洋,即太平洋、大西洋、印度洋、北冰洋、南大洋(也叫南冰洋或南极海),这里代指世界。捉鳖,喻擒拿敌人。元康进之《李逵负荆》第四折:"管教他瓮中捉鳖,手到拿来。"五洋捉鳖,暗喻要消灭世界上的反动势力。

〔谈笑凯歌还〕意思是说,在谈笑声中高奏凯歌,胜利归来。

〔世上无难事,只要肯登攀〕这里一语双关,既指这次重上井冈山,又指未来实现宏大的革命目标。

念奴娇　鸟儿问答

一九六五年秋

　　鲲鹏展翅,九万里,翻动扶摇羊角。背负青天朝下看,都是人间城郭。炮火连天,弹痕遍地,吓倒蓬间雀。怎么得了,哎呀我要飞跃。

　　借问君去何方,雀儿答道:有仙山琼阁。不见前年秋月朗,订了三家条约。还有吃的,土豆烧熟了,再加牛肉。不须放屁,试看大地翻覆。

这首词最早发表在《诗刊》一九七六年一月号。

注释:

〔鸟儿问答〕这首词运用寓言样式,以鲲鹏和蓬间雀,喻指坚持马克思主义的中国共产党人和背叛马克思主义的当时所说的现代修正主义者。

〔鲲鹏〕《庄子·逍遥游》中所说的大鱼和大鸟。这里是偏义复词,指大鱼变成的大鸟,即大鹏鸟,作褒义用。

〔九万里,翻动扶摇羊角〕《庄子·逍遥游》:"鹏之徙于南冥也,水击三千里,抟(tuán)扶摇而上者九万里。""有鸟焉,其名为鹏,背若泰山,翼若垂天之云,抟扶摇羊角而上者九万里,绝云气,负青天,然后图南,且适南冥也。"意思都是说大鹏在向南海飞的时候,凭着旋风的力量,翻动翅膀,飞上九万里高空。扶摇和羊角都是旋风的名称。

〔背负青天〕指飞得极高。

〔蓬间雀〕生活在蓬蒿之间的小雀,种类颇多。《庄子·逍遥游》中的"斥鷃",就是其中的一种。见《七律·吊罗荣桓同志》注。

〔仙山琼阁〕泛指神仙住处。仙山,古代传说海上有蓬莱、方丈、瀛洲三座仙山。琼阁,琼楼玉宇。这里暗喻现代修正主义者鼓吹的没有武器、没有军队、没有战争的"三无"世界。

〔不见前年秋月朗,订了三家条约〕指苏、美、英三国1963年8月5日在莫斯科签订的《禁止在大气层、外层空间和水下进行核武器试验条约》。这个条约旨在维护核大国的核垄断地位,而剥夺其他国家为抗拒核讹诈进行核武器试验的权利。

〔土豆烧熟了,再加牛肉〕苏联领导人赫鲁晓夫1964年4月曾在一次演说中说:"福利共产主义"是"一盘土豆烧牛肉的好菜"。

〔天地翻覆〕即天翻地覆,指世界形势的巨大变化。1962年1月30日,毛泽东在扩大的中央工作会议(通称七千人大会)上讲话中说:"从现在起,五十年内外到一百年内外,是世界上社会制度彻底变化的伟大时代,是一个翻天覆地的时代,是过去任何一个历史时代都不能比拟的。"

副 编

五古　挽易昌陶

一九一五年五月

去去思君深,思君君不来。
愁杀芳年友,悲叹有馀哀。
衡阳雁声彻,湘滨春溜回。
感物念所欢,踯躅南城隈。
城隈草萋萋,涔泪侵双题。
采采馀孤景,日落衡云西。
方期沆瀁游,零落匪所思。
永诀从今始,午夜惊鸣鸡。
鸣鸡一声唱,汗漫东皋上。
冉冉望君来,握手珠眶涨。
关山蹇骥足,飞飙拂灵帐。
我怀郁如焚,放歌倚列嶂。
列嶂青且茜,愿言试长剑。
东海有岛夷,北山尽仇怨。

荡涤谁氏子,安得辞浮贱。
子期竟早亡,牙琴从此绝。
琴绝最伤情,朱华春不荣。
后来有千日,谁与共平生?
望灵荐杯酒,惨淡看铭旌。
惆怅中何寄,江天水一泓。

这首诗作者抄录在一九一五年六月二十五日致湘生的信中,随信最早发表在湖南出版社一九九〇年七月版《毛泽东早期文稿》。

注释:

〔五古〕五言古诗的简称。每句五个字,句数不限,一般为偶句押韵,首句可押可不押,可以换韵,不像五律那样讲究平仄对仗。

〔易昌陶〕名咏畦,湖南衡山人。湖南省立第一师范学校学生,与毛泽东同班。1915年3月病逝于家中,5月23日学校为他开追悼会。1915年6月25日,毛泽东在致湘生(生平不详)信中说:"同学易昌陶君病死,君工书善文,与弟甚厚,死殊可惜。校中追悼,吾挽以诗,乞为斧正。"

〔去去〕远去。汉代《别诗》四首(旧作苏武诗)其三:"参辰皆已没,去去从此辞。"宋代柳永《雨霖铃》词:"念去去,千里烟波,暮霭沉沉楚天阔。"这里指易昌陶因病重离校回家。

〔芳年〕美好年岁,指青少年。

〔悲叹有馀哀〕借用三国魏曹植《七哀》诗"悲叹有馀哀"句。馀哀,未尽的哀伤。

〔衡阳雁声彻〕湖南衡阳有回雁峰,相传雁不过此峰。雁声响彻衡阳,比喻思友悲叹的深切。

〔湘滨春溜(liù)回〕湘滨,湘江边。春溜,即春水。

〔感物念所欢〕感物,这里指因雁到回雁峰能回飞、湘江边春水能回流,而好友不能再来所引起的感伤。念,思念。所欢,好友,指易昌陶。

〔踯躅(zhízhú)南城隈(wēi)〕踯躅,徘徊。南城隈,南城墙弯曲处。

〔萋萋〕同凄凄,寒冷的样子。

〔涔(cén)泪侵双题〕涔泪,不断流下的泪。双题,额的两旁,即额角。南朝宋谢惠连《捣衣》诗:"轻汗染双题。"本句是说,不断地流泪,拭泪时浸湿额角。一说,俯首而泣,泪流额角。

〔采采馀孤景(yǐng)〕采采,这里指同学众多。馀,剩下。孤景,即孤影,这里指作者。

〔衡云〕衡山上的云烟。衡山在长沙之南,这里"衡"指作者所在的长沙之西,属衡山七十二峰的岳麓山。

〔方期沆瀁(hàngyǎng)游〕方期,即正在期望。沆瀁,犹汪洋,水深广的样子。西晋左思《吴都赋》:"澒溶沆瀁,莫测其深,莫究其广。"沆瀁游,这里指又深又广的交游。

〔零落匪所思〕零落,这里以草木凋零比喻人的死去。匪所思,即匪夷所思,意为不是根据常理所能想到的。

〔永诀〕永别。

〔午夜惊鸣鸡〕用闻鸡起舞的典故。《晋书·祖逖传》:"与司空刘琨俱为司州主簿,情好绸缪,共被同寝。中夜闻荒鸡鸣,蹴琨觉曰:'此非恶声也。'因起舞。"东晋祖逖和刘琨年轻时都有大志,互相勉励振作,因此听到鸡鸣就起床舞剑。后以"闻鸡起舞"比喻有志之士奋起行动。本句是作者追忆和易昌陶同怀报国之志。今好友已死,半夜听鸡叫,不能与他起来同舞,所以心惊。

〔汗漫东皋(gāo)上〕汗漫,本义是漫无边际,这里指漫步。东皋,泛指田野或高地。本句是说,因好友已故去,只能自己一人漫步在田野或高地上。

〔冉冉望君来,握手珠眶涨〕冉冉望君来,即望君冉冉来。这两句是说,好像好友还活着,望着他慢慢地走来;再一次握手,但想到好友已故去,眼眶里涨满了泪珠。

〔关山蹇(jiǎn)骥足〕关隘山川阻碍良马的奔跑。蹇,跛,行动不便。骥足,比喻好友是俊逸的人才。

〔飞飙拂灵帐〕本句是说,疾风吹动好友灵床边的帏帐。

〔我怀郁如焚〕怀,即胸怀。本句意为,我内心郁闷得好像在焚烧。

〔放歌倚列嶂〕放歌,放声歌唱。倚,靠着。列嶂,即指群山。

〔茜(qiàn)〕深红色。这里指山石的颜色。

〔愿言试长剑〕这里借喻为国效力。愿言,古体诗中的惯用语。愿,念,期待。言,语助,无义。

〔岛夷〕即岛国的夷人。夷人,古代泛指外国人。这里借指日本侵略者。

〔北山尽仇怨〕北山,北方山区那边。尽,尽是,完全是。仇怨,仇恨,这里指侵略我国的仇敌,即指沙皇俄国。

〔荡涤谁氏子,安得辞浮贱〕荡涤,清除,扫荡。谁氏子,谁家的人,即谁人,何人。安得,怎能。辞,推辞。浮贱,指学识浮浅不深,地位卑贱低微。这两句是说,扫荡这些侵略者要靠何人?我们青年学生怎能以学识不深、地位低微而推辞报效国家的责任!

〔子期竟早亡,牙琴从此绝〕意为痛失知音。《吕氏春秋·本味》称,伯牙断琴,钟子期听了,完全懂得伯牙琴曲的意境。钟子期死,伯牙断琴绝弦,终生不再弹琴。

〔朱华春不荣〕意为好友像红花一般,却在春天就枯萎了。

〔谁与共平生〕有谁和自己志向相同地共度一生?

〔望灵荐杯酒〕望着灵位进献一杯酒,祭奠好友。

〔惨淡看铭旌〕心情凄惨地看着灵前的旗幡。

〔水一泓(hóng)〕泓,水深的样子。这里以"水一泓"比喻深情。

七古　送纵宇一郎东行

一九一八年四月

云开衡岳积阴止,天马凤凰春树里。
年少峥嵘屈贾才,山川奇气曾钟此。
君行吾为发浩歌,鲲鹏击浪从兹始。
洞庭湘水涨连天,艨艟巨舰直东指。
无端散出一天愁,幸被东风吹万里。
丈夫何事足萦怀,要将宇宙看稊米。
沧海横流安足虑,世事纷纭从君理。
管却自家身与心,胸中日月常新美。
名世于今五百年,诸公碌碌皆馀子。
平浪宫前友谊多,崇明对马衣带水。
东瀛濯剑有书还,我返自崖君去矣。

这首诗最早非正式地发表在一九七九年《党史研究资料》第十期,是由罗章龙在《回忆新民学会(由湖南到北京)》一文中提供的。

注释：

〔七古〕七言古诗的简称。每句七个字，句数不限，一般为偶句押韵，首句可押可不押，可以换韵，不像七律那样讲究平仄对仗。

〔纵宇一郎东行〕纵宇一郎，罗章龙在1915年同毛泽东初次通信时，就已用过的化名。他是新民学会最早的会员。1918年4月，罗赴日本临行前，新民学会在长沙北门外的平浪宫聚餐，为他饯行。毛泽东用"二十八画生"的笔名写了这首诗送行。罗到上海恰好碰上5月7日（1915年日本政府向袁世凯政府提出最后通牒的日子，限期要袁答复承认日本旨在独占中国的"二十一条"），当时日本政府警察侮辱、殴打中国的爱国留学生，迫使他们回国。罗因此没有去日本。罗章龙（1896—1995），湖南浏阳人。1921年加入中国共产党，1931年被开除出党。后历任河南大学、西北联合大学、湖南大学、湖北大学等校教授。曾任中国人民政治协商会议全国委员会委员。

〔云开衡岳积阴止〕云开，云展散开，露出晴空。衡岳，即南岳衡山，这里指南岳七十二峰之一的岳麓山。积阴止，指连日阴雨已停止。本句是说，送别时天气晴朗，送别地点在岳麓山下的长沙。

〔天马凤凰春树里〕天马凤凰，指岳麓山东南、湘江之西的两座毗邻的小山。本句点明送别时间是在春天。

〔年少峥嵘屈贾才〕峥嵘，不平凡。屈贾，指战国时楚国屈原、西汉贾谊，皆极有才华。本句的"屈贾才"，喻指罗章龙富有才华。

〔钟〕聚集。古人称山川灵秀之气所聚集，便产生人才。

〔发浩歌〕放声高歌。

〔鲲鹏〕《庄子·逍遥游》中所说的大鱼和大鸟，这里是偏义复词，即鹏。

〔洞庭湘水〕指湖南省的洞庭湖和湘江。

〔艨艟（méngchōng）〕战舰。此指轮船。

〔无端散出一天愁,幸被东风吹万里〕无端,无缘无故。一天,满天。吹万里,吹得无影无踪。这两句的本事,据罗章龙晚年写文章回忆:他当时很想去日本留学,因家庭经济困难缺乏留学费用而发愁。他向毛泽东吐露,得到了新民学会的部分资助。诗中的"东风",即喻指对罗的关怀和帮助。

〔丈夫何事足萦怀〕丈夫,这里指有志男儿。足,值得。萦怀,挂在心上。

〔要将宇宙看秭(tí)米〕把世事看作平常。秭,草名,结实如小米。秭米,形容小。

〔沧海横流安足虑〕沧海横流,喻动荡的局势。安足虑,哪里值得忧虑。

〔世事纷纭从君理〕据罗章龙说,作者原诗如此。1979年罗在《回忆新民学会(由湖南到北京)》一文中第一次提供本诗时,觉得有负故人厚望,改作"世事纷纭何足理"。后来他写文章曾表示恢复原诗句。

〔名世于今五百年〕名世,著名于世。《孟子·公孙丑下》:"五百年必有王者兴,其间必有名世者。"

〔诸公碌碌皆馀子〕诸公,指当时的当权人物。碌碌,平庸。馀子,其余的人。《后汉书·祢衡传》:"常称曰:'大儿孔文举,小儿杨德祖。馀子碌碌,莫足数也。'"

〔崇明对马衣带水〕长江口的崇明岛和日本的对马岛,相隔只一衣带宽的水。据《南史·陈后主纪》记载,隋文帝说隋和陈只隔"一衣带水",把长江比作一条衣带。

〔东瀛(yíng)濯剑〕喻指到日本留学。东瀛,东海,后也指日本。濯剑,洗剑。

〔我返自崖君去矣〕《庄子·山木》:"送君者皆自崖而反,君自此远矣!"反通返。作者是送行者,所以称"我返自崖"。崖,指岸边。

虞美人　枕上

一九二一年

堆来枕上愁何状,江海翻波浪。夜长天色总难明,寂寞披衣起坐数寒星。

晓来百念都灰尽,剩有离人影。一钩残月向西流,对此不抛眼泪也无由。

这首词最早发表在一九九四年十二月二十六日《人民日报》。

注释:

〔虞美人〕词牌名。最初为咏项羽宠姬虞姬,因此得名。

〔枕上〕作者写《枕上》思念夫人杨开慧。1920年冬,作者同杨开慧在长沙结婚。1921年春夏间,新婚不久的作者曾到沿洞庭湖的岳阳、华容、南县、常德、湘阴等地考察学校教育,进行社会调查,本词就是写这次与杨开慧的离别。

〔堆来枕上愁何状,江海翻波浪〕这两句写作者与杨开慧新婚后因长别而产生强烈的离情别绪。一个"堆"字,极言愁之多及其持续时间之长;"江海翻波浪",写出了猛烈而不能平静的愁绪。

〔寒星〕有寄托之意。鲁迅《自题小像》:"寄意寒星荃不察。"

〔离人〕指作者的夫人杨开慧。

〔一钩残月〕一钩,有勾起情思的含意。残月,阴历月末拂晓时形状如钩的月亮。北宋梅尧臣《梦后寄欧阳永叔》:"五更千里梦,残月一城鸡。"

〔无由〕无从,意为没有办法。

西江月　秋收起义

一九二七年

军叫工农革命,旗号镰刀斧头。匡庐一带不停留,要向潇湘直进。

地主重重压迫,农民个个同仇。秋收时节暮云愁,霹雳一声暴动。

这首词根据作者审改的抄件刊印。最早非正式地发表在《中学生》一九五六年八月号,是由谢觉哉在题为《关于红军的几首词和歌》的文章中提供的。

注释:

〔秋收起义〕1927年大革命失败后,中国共产党召开"八七会议",决定发动农民在秋收季节举行武装起义。毛泽东在湘赣边界领导农民、工人和一部分北伐军,成立一支工农革命军。9月9日起在修水、铜鼓、平江、浏阳一带举行武装起义,遭到敌人围击。10月,毛泽东率领起义部队到达井冈山地区,成功地开创了中国第一个农村革命根据地。

〔镰刀斧头〕指工农革命军(后改称红军)军旗上的图案。

〔匡庐〕首次非正式发表时原作"修铜",1986年9月人民文学出版社出版的《毛泽东诗词选》根据作者修改的抄件改为"匡庐"。传说商、周间有匡俗(一作匡续)在今江西庐山结庐,因称匡庐或庐山。见东晋慧远《庐山记》(一作《庐山记略》)。

〔潇湘〕首次非正式发表时原作"平浏",1986年9月人民文学出版社出版的《毛泽东诗词选》根据作者修改的抄件改为"潇湘"。借潇水和湘江指湖南省。

〔同仇〕同心合力打击敌人。《诗·秦风·无衣》:"修我戈矛,与子同仇。"

〔暮云愁〕指傍晚的云彩暗淡,带有愁色,象征反动势力气势汹汹,农民生活水深火热。

〔霹雳〕巨大的雷声,象征农民暴动的巨大声威。

〔进、动〕按《西江月》词律,上下阕末句末字当与二、三句末字同韵异调,即第二、第三句押平声韵,第四句押原韵的仄声韵。这里没有按律押韵,而依湖南方音用进、动两字隔阕押韵。

六言诗　给彭德怀同志

一九三五年十月

山高路远坑深,大军纵横驰奔。
谁敢横刀立马？唯我彭大将军！

这首诗最早发表在一九四七年八月一日《战友报》(冀鲁豫军区政治部主办)。

注释:

〔六言诗〕是古体诗的一种格式,每句六个字,偶句押韵,首句可押可不押,句数和平仄都不像律诗那样严格。

〔给彭德怀同志〕中央红军主力到达陕北吴起镇时,宁夏马鸿逵、马鸿宾的骑兵跟了上来,毛泽东和彭德怀拟写了一份电报,主张给马家骑兵一个打击,以防把敌人带进根据地,电文有"山高路险沟深"句。击败追敌骑兵后,毛泽东写了这首诗,首句即用电文句,但改"路险"为"路远","沟深"为"坑深"。据《彭德怀自述》一书(人民出版社1981年版)第206至207页说,彭收到这首诗后,把诗的末句"唯我彭大将军"改为"唯我英勇红军",然后将原诗送还了毛泽东。彭德怀(1898—1974),湖南湘潭人。1928年4月参加中国共产党。1928年7月,领导平江起义参加红军,任红军第五军军长。1930年6月任红军第三军团总指挥,7月曾一度攻占长沙。同年8月与红军第一军团会合,组成红军第一方面军。(一、三军团原曾计划分别扩编为一、三方面军,因兵力不足作罢)1935年9月红军长征到达甘肃迭部县俄界时,中共中央召开政治局扩大会议,决定红一方面军主力和军委纵队整编为中国工农红军陕甘支队,下设三个纵队,毛泽东兼任政委,彭德怀任司令员。11月初,红一方面军番号恢复,仍由毛、彭以原职领导。

〔山高路远坑深,大军纵横驰奔〕坑深,指陕北高原地区众多的深沟。纵横驰奔,指红军在全国从南到北、从东到西英勇灵活的征战。这两句概括了"红军不怕远征难,万水千山只等闲"的长征精神。

〔谁敢横刀立马〕横刀,同古诗文中的横槊(即长矛)、横戈。宋代苏轼《后赤壁赋》有"横槊赋诗"句。明代戚继光《马上作》有"都是横戈马上行"句。立马,在马背上勒马而立。横刀立马,本是形容古代将军威风凛凛的形象,这里借用来塑造彭德怀将军英勇威武的形象。

〔唯我彭大将军〕唯,唯有,只有。本句是对彭德怀指挥才能的信赖、赞扬和称颂,也是对他在红军中重要地位的肯定。

临江仙　给丁玲同志

一九三六年十二月

壁上红旗飘落照,西风漫卷孤城。保安人物一时新。洞中开宴会,招待出牢人。

纤笔一枝谁与似?三千毛瑟精兵。阵图开向陇山东。昨天文小姐,今日武将军。

这首词最早发表在《新观察》一九八〇年第七期。

注释:

〔临江仙〕词牌名,本是唐教坊曲名。

〔给丁玲同志〕1933年5月,著名"左联"女作家丁玲在上海被国民党特务秘密绑架,押解南京囚禁。1936年秋,在中共党组织帮助下,丁玲逃离被囚禁三年多的南京,秘密经上海、西安于11月来到陕北保安。中共中央宣传部在一孔大窑洞里开会欢迎她,中央领导人毛泽东、张闻天、周恩来等都出席了欢迎会。会后,毛泽东问丁玲打算做什么,她答"当红军"。丁玲随后就到前方总政治部工作。作者因此写这首词送她。丁玲(1904—1986),原名蒋伟,字冰之,湖南临澧人。1932年参加中国共产党。

〔壁上红旗飘落照〕城头红旗在夕阳中飘扬。

〔漫卷〕随风翻卷。

〔保安〕在陕西省西北部,当时是中共中央所在地,1936年改名志丹县。

〔出牢人〕根据丁玲的《我的自传》等文章记载,她当时并未入狱,但被国民党囚禁三年多,失去人身自由,形同坐牢。

〔纤笔〕细致描绘的笔,指丁玲的文笔。

〔毛瑟〕德国毛瑟工厂所制造的步枪和手枪。孙中山在1922年8月24日《与报界的谈话》中说:"常言谓:一枝笔胜于三千毛瑟枪。"毛泽东在1939年12月9日《一二九运动的伟大意义》一文中说:"拿破仑说,一枝笔可以当得过三千枝毛瑟枪。"

〔阵图〕指军队行军的队列图。这里指军队。

〔陇山〕在陕西省陇县西北,延伸于陕甘边境。

〔武将军〕这首词作者留存的五件手迹中,有三件作"女将军"。

五律　挽戴安澜将军

一九四三年三月

外侮需人御,将军赋采薇。
师称机械化,勇夺虎罴威。
浴血东瓜守,驱倭棠吉归。
沙场竟殒命,壮志也无违。

这首诗根据一九四三年戴安澜将军追悼会挽联挽诗登记册刊印。最早非正式地发表在一九八三年十二月二十八日《人民政协报》,是在一篇诠释这首诗典故的文章中提供的。

注释:

〔五律〕五言律诗的简称。五律是律诗的一种,每篇一般为八句,每句五个字;偶句末字押平声韵,首句末字可押可不押,必须一韵到底;句内和句间要讲平仄;中间四句按常规要用对仗。

〔戴安澜〕(1904—1942)号海鸥,安徽无为人。黄埔军校毕业后,曾参加北伐。在抗击日本侵华战争中,先后参加古北口、漳河、台儿庄、昆仑关等战役,战功卓著。1939年任国民党第五军第二〇〇师师长,被授予陆军少将军衔。1942年3月,率第二〇〇师出师缅甸,与第五军其他部队一起,协同英军对日作战。在孤军深入的情况下,指挥部队英勇奋战,重创日军,解救了被围困的英军。同年5月,在率师回国途中,遭日军伏击,身受重伤,因缺少医药,不幸牺牲。不久,被国民党政府追赠为陆军中将。1956年,中央人民政府内务部追认戴安澜为革命烈士;1985年,由中华人民共和国民政部颁发革命烈士证书。

〔外侮需人御〕外侮,原指外来的欺凌或侵犯,这里指外国侵略。御,即抵御,这里指抗战。

〔将军赋采薇〕赋,朗诵。采薇,《诗·小雅》中有《采薇》篇,其诗描写戍边抗击外族入侵的兵士久历艰苦,在回乡的路上又饱受饥寒。本句意为戴安澜将军不畏艰苦、不怕牺牲,毅然出征,对日作战。

〔师称机械化〕戴安澜任师长的第二〇〇师,装备精良,当时称"机械化师"。

〔虎罴(pí)〕这里比喻凶猛的敌人。罴,见《七律·冬云》注。

〔浴血东瓜守〕东瓜,即同古,缅甸南部重镇。1942年3月,戴师抵达东瓜,从英军手中接防。日军以四倍于戴师的优势兵力,将东瓜合围,戴率师孤军浴血奋战十二昼夜,歼敌五千余人。这一胜利震撼了世界。

〔驱倭棠吉归〕倭,古代称日本。驱倭,这里指驱逐日本侵略军。棠吉,缅甸中部地名。归,指回国。1942年4月,英军据守的棠吉告急,戴师奉命驰援,激战两昼夜,击退日军,收复棠吉。后因中英联军连战失利,戴奉命率师撤离棠吉,夺路回国。

〔沙场竟殒命〕沙场,这里指战场。竟,竟然,指出于意料,深表痛惜。殒命,丧命,牺牲。

〔无违〕没有背离。

五律　张冠道中

一九四七年

朝雾弥琼宇,征马嘶北风。
露湿尘难染,霜笼鸦不惊。
戎衣犹铁甲,须眉等银冰。
踟蹰张冠道,恍若塞上行。

这首诗根据抄件刊印。最早发表在中央文献出版社一九九六年九月版《毛泽东诗词集》。

注释：

〔张冠道中〕1947年3月中旬，胡宗南指挥国民党军二十五万余人，向中共中央所在地延安发动进攻。3月18日晚，毛泽东率领中共中央机关撤离延安。随后，他在陕北延川、清涧、子长、子洲、靖边等县转战。根据这首诗描绘寒夜行军的内容，和作者转战陕北时为防空袭曾"夜行晓宿"的经历，可以判定，本诗是写这年4月初作者由子洲县高家塔转移至子长县庄果坪（即张冠）途中的所见、所闻和所感。首联描绘清晨行军结束将宿营时的景象；颔联、颈联倒叙夜间行军时间的流逝，暗喻彻夜行军;尾联写同敌人周旋的感受。

〔朝(zhāo)雾弥琼宇〕朝雾,即晨雾。弥,布满。琼宇,即玉宇,指天空。

〔征马嘶北风〕化用《古诗十九首》"胡马依北风"句。征马,这里指战马。嘶,马鸣。北风,一般为冬天的风,此写陕北当时春天的实景。

〔露湿尘难染〕寒露打湿黄土地,尘土难以沾染衣物。

〔霜笼鸦不惊〕部队行军惊飞路边栖鸦,因大地被白霜笼罩而有亮光,乌鸦习性有光则不惊叫。

〔戎衣犹铁甲〕军服因露湿霜沾雾浸而结冰,像铁衣一样又重又硬。

〔须眉等银冰〕胡须、眉毛因浓雾浸湿和口鼻气息沾染,在寒风劲吹下,如同银白冰花。等,等同,如同。

〔踟蹰(chíchú)〕徘徊不进。这里状部队行军态势,意为同敌人周旋。

〔恍若塞上行〕恍若,仿佛,好像,状作者行军心态。塞上行,这里用典,取边塞诗意。唐人有《塞上》《塞上曲》《塞上行》等诗题,内容多写边塞上的行军、征战与守卫之事。塞上,旧时多指我国西北边境和长城内外。

五律　喜闻捷报

一九四七年

中秋步运河上，闻西北野战军收复蟠龙作。

秋风度河上，大野入苍穹。
佳令随人至，明月傍云生。
故里鸿音绝，妻儿信未通。
满宇频翘望，凯歌奏边城。

这首诗根据抄件刊印。最早发表在中央文献出版社一九九六年九月版《毛泽东诗词集》。

注释：

〔步运河上〕步运，本义为徒步运输、徒步运行，引申义为散步、漫步。《宋史·刘蒙正传》："岭南陆运香药入京……由大庾岭步运至南安军。"河上，黄河边及其附近。《史记·范雎蔡泽列传》："秦攻韩汾陉，拔之，因城河上广武。"唐司马贞《史记索隐》引刘氏云："此河上盖近河之地，本属韩，今秦得而城。"

〔蟠龙〕在延安城东北七十多里,是一个古镇。

〔秋风度河上〕度,过的意思。河上,见本诗〔步运河上〕注。

〔大野入苍穹〕大野,一望无际的旷野。入,融为一体。苍穹,即苍天。

〔佳令随人至〕佳令,美好的节令,这里指中秋节。1947年中秋节是阳历9月29日。人,这里指传递捷报的通信兵。

〔故里鸿音绝〕故里,这里指作者居住长达十年之久的第二故乡延安。鸿音绝,音信已断绝。鸿即大雁,《汉书·苏武传》载有大雁传书之事。当时国民党军胡宗南部队占领延安已有半年之久,作者在中秋佳节对延安人民愈加思念。

〔妻儿信未通〕作者率中共中央机关在1947年3月18日撤离延安后,他的一双儿女即去了晋绥解放区。随后,儿子毛岸英随中央工委转移到河北平山,女儿李讷随中央后委留在晋西临县。妻子江青随作者转战陕北,在沙家店战役后去中央后委接李讷,到中秋节时尚未回来。作者在象征团圆的中秋佳节,以未接到妻儿书信来起兴,表达了"每逢佳节倍思亲"的情怀。

〔满宇频翘望〕满宇,这里指解放战争的所有战场。宇,国土,疆域。《左传·昭公四年》:"或无难以丧其国,失其守宇。"频,连续不断。翘望,指抬起头、踮起脚盼望,形容盼望的急切。这里既表示对解放战争各战场指战员的思念,又表示期望各战场传来捷报。

〔凯歌奏边城〕1947年8月,西北野战军在陕北取得沙家店战役胜利,粉碎了国民党军对陕北的重点进攻,开始转入内线反攻。9月中下旬,陆续收复青化砭、蟠龙等城镇。边城,这里指陕甘宁边区的城镇,即指蟠龙古镇。

浣溪沙　和柳亚子先生

一九五〇年十一月

　　颜斶齐王各命前,多年矛盾廓无边,而今一扫纪新元。

　　最喜诗人高唱至,正和前线捷音联,妙香山上战旗妍。

这首词最早发表在人民文学出版社一九八六年九月版《毛泽东诗词选》。

注释：

〔颜斶(chù)齐王各命前〕颜斶,战国时齐国人。《战国策·齐策四》称,齐宣王召见颜斶,说:"斶前!"斶也说:"王前!"齐宣王不高兴。斶说:"夫斶前为慕势,王前为趋士。与(与其)使斶为趋势(一作慕势),不如使王为趋士。"这是比喻蒋介石要柳亚子听从他的反革命主张,柳亚子要蒋介石接受他的革命主张。

〔廓无边〕无限扩大。

〔而今一扫纪新元〕指新中国诞生开创了新纪元,把柳亚子同蒋介石的矛盾一扫而光,意为柳亚子获得了解放。

〔诗人高唱〕诗人,指柳亚子。高唱,指高妙的词作,即指柳亚子的原词《浣溪沙》。

〔前线捷音〕指抗美援朝战争第一次战役传来捷报。这次战役取得歼敌一万三千余人的胜利。

〔妙香山上战旗妍(yán)〕妙香山,在朝鲜西北部。战旗,即军旗。妍,美丽,美艳。这里喻指在抗美援朝战争第一次战役中,收复了妙香山地区。

附：柳亚子原词

浣 溪 沙

　　中央戏剧学院舞蹈团演出《和平鸽》舞剧，欧阳予倩编剧，戴爱莲女士导演兼饰主角，四夕至五夕，连续在怀仁堂奏技。再成短调，欣赏赞美之不尽矣！

　　白鸽连翩奋舞前。工农大众力无边。推翻原子更金圆。

　　战贩集团仇美帝，和平堡垒拥苏联。天女门上万红妍！

注释：

〔四夕至五夕〕根据柳亚子的《北行日记》，这是指1950年10月4日晚和5日晚。柳亚子在这两个晚上曾接连在怀仁堂观看了《和平鸽》舞剧。

〔推翻原子更金圆〕原子，指原子弹。金圆，指美元。此句意为否定和反对美帝国主义用原子弹威慑加上用美元援助来统治世界的政策。

〔战贩集团仇美帝〕美国和其他帝国主义国家的反动势力在第二次世界大战后不久就竭力煽动新的世界战争,从而使他们的军火商得利,被称为战贩集团。1950年7月,美国纠集十五国军队,打着"联合国军"的旗号侵入朝鲜北部,威胁中国东北,战争气焰极为猖獗。中国人民在抗美援朝斗争中发起了仇视、鄙视、蔑视美帝的宣传运动。本句的"战贩集团"和"美帝"同是"仇"的宾语,省略主语"我们"。

〔和平堡垒拥苏联〕和平堡垒,指当时的苏联是保卫世界和平的坚强堡垒。拥,拥护。本句与上句的句式相同。本句的"和平堡垒"和"苏联"同是"拥"的宾语,省略主语"我们"。

〔天安门上万红妍〕1949年10月1日,毛泽东在天安门上宣告中华人民共和国成立,从此天安门成了新中国的象征。万红妍,红灯高挂,红旗招展,十分美丽。这里喻指新中国欣欣向荣,前程美好。

七律　和周世钊同志

一九五五年十月

春江浩荡暂徘徊,又踏层峰望眼开。
风起绿洲吹浪去,雨从青野上山来。
尊前谈笑人依旧,域外鸡虫事可哀。
莫叹韶华容易逝,卅年仍到赫曦台。

这首诗作者抄录在一九五五年十月四日致周世钊的信中,随信最早发表在人民出版社一九八三年十二月版《毛泽东书信选集》。

注释:

〔和周世钊同志〕1955年6月20日,作者在长沙由程潜、周世钊等人陪同,上午先到涨水的湘江游泳,后登岳麓山;中午在山巅望湘亭用餐,谈笑甚欢;下午冒雨游爱晚亭。当天,周世钊曾作《七律·从毛主席登岳麓山至云麓宫》,不久书赠作者。这是作者答周世钊的酬和之作。周世钊,见《七律·答友人》注。周当时任湖南省教育厅副厅长兼湖南省立第一师范学校校长。

〔春江浩荡暂徘徊〕春江,指涨水的湘江。浩荡,形容水势大。暂徘徊,指作者在湘江时间不长的游泳。

〔又踏层峰望眼开〕又踏层峰,指游泳后接着登山。层峰,重重叠叠的山峰,这里指岳麓山。望眼开,指在山顶极目远望,视野开阔。

〔绿洲〕指橘子洲,在长沙之西的湘江中。

〔尊前谈笑人依旧〕尊同"樽",酒杯。尊前,酒席前。人依旧,指作者和青年时代的好友周世钊之间,在友谊和交往等方面依然不变,一如过去。

〔域外鸡虫事可哀〕国外的某些事像鸡虫得失一样渺小,纠缠这些小事的人是可悲的。这里所指论说不一。一说,毛泽东和周世钊等用餐时谈及毛青年时代的好友、曾任新民学会总干事的萧子升。萧当时侨居乌拉圭,毛曾嘱原新民学会的老同学给萧写信,要他回国工作。但萧坚持反共立场,不仅拒绝回国,还写文章攻击毛。唐杜甫《缚鸡行》:"小奴缚鸡向市卖,鸡被缚急相喧争。家中厌鸡食虫蚁,不知鸡卖还遭烹。虫鸡于人何厚薄?吾叱奴人解其缚。鸡虫得失无了时,注目寒江倚山阁。"

〔莫叹韶华容易逝〕化用唐李贺《嘲少年》诗"莫道韶华镇长在"句。莫叹,不要感叹、叹息。韶华,美好的年华,指人的青年时代。逝,过去,消失。

〔卅(sà)年仍到赫曦(xī)台〕卅年,三十年,表概数。赫曦台,在湖南省长沙市岳麓山岳麓书院。南宋朱熹曾称岳麓山顶为赫曦,后称山上的台为赫曦台。清代因山上的台已毁,将原"赫曦台"匾额悬于岳麓书院"前台",由此前台更名赫曦台。赫曦,指太阳光明盛大的样子。此句意为作者与周世钊青年时代到过赫曦台,过了三十年,年届花甲仍能健步重游故地,感到分外高兴。

附：周世钊原诗

七律　从毛主席登岳麓山至云麓宫

滚滚江声走白沙，飘飘旗影卷红霞。
直登云麓三千丈，来看长沙百万家。
故国几年空兕虎，东风遍地绿桑麻。
南巡喜见升平乐，何用书生颂物华。

注释：

〔云麓宫〕在岳麓山的云麓峰顶，系道教宫观。近旁有望湘亭，是纵览长沙风貌的观景点。

〔旗影卷红霞〕指国旗五星红旗的飘卷。

〔故国几年空兕（sì）虎〕故国，这里指故乡。空，尽，引申为绝迹。兕，古代兽名，似水牛，独角青色。兕虎，兕与虎，泛指猛兽，这里比喻凶恶的敌人，即指国民党反动派。

〔南巡喜见升平乐〕南巡，指毛泽东到湖南巡视。升平，太平。

〔物华〕自然美景。

五律 看山

一九五五年

三上北高峰，杭州一望空。
飞凤亭边树，桃花岭上风。
热来寻扇子，冷去对佳人。
一片飘飖下，欢迎有晚鹰。

这首诗最早发表在《党的文献》一九九三年第六期。

注释：

〔北高峰〕在浙江省杭州市灵隐寺后，与南高峰相对峙，为西湖群山之一。在北高峰附近有飞凤亭（即宝石山上的来凤亭）、桃花岭（原名桃源岭）、扇子岭、美人峰等名胜。根据作者自注，诗中的"扇子"指扇子岭，"佳人"指美人峰。

〔杭州一望空〕意为专注于看山以致看不见杭州城。空，空旷，空阔。

〔冷去对佳人〕作者有一件手迹为"冷去对美人"，由于此句不合律，犯孤平（"仄仄仄仄平"），为救拗，故改仄声字"美"为平声字"佳"。

〔飘飖〕同"飘摇",飘荡、飞扬貌。这里指鹰翔。

〔晚鹰〕指傍晚在山间飞翔的苍鹰。一说,喻指灵鹫峰,在杭州灵隐寺旁。鹫,鹰属。尾联写灵鹫峰,同标题《看山》是紧扣的。

七绝　莫干山

一九五五年

翻身复进七人房,回首峰峦入莽苍。
四十八盘才走过,风驰又已到钱塘。

这首诗最早发表在《党的文献》一九九三年第六期。

注释:

〔莫干山〕在浙江省德清县西北。相传春秋时吴国在此铸"莫邪""干将"二剑,故名。为浙北避暑、休养胜地。

〔翻身复进七人房〕翻身,形容动作轻巧。复,再次。七人房,指作者使用的卧车,可坐七人。

〔莽苍〕远望不甚分明的苍翠山色。

〔四十八盘〕泛写曲折盘旋的山间公路。

〔风驰又已到钱塘〕风驰,形容非常迅速。钱塘,旧县名。这里指杭州市。

七绝　五云山

一九五五年

五云山上五云飞,远接群峰近拂堤。
若问杭州何处好,此中听得野莺啼。

这首诗最早发表在《党的文献》一九九三年第六期。

注释:

〔五云山〕是浙江省杭州市西湖群山之一,邻近钱塘江。据传因有五色彩云萦绕山顶经时不散而得名。

〔群峰〕指西湖西面和南面诸峰,如北高峰、南高峰、美人峰、月桂峰、白鹤峰等。

〔堤〕指邻近的钱塘江的江堤。

〔野莺〕身体小,羽毛褐黄色,嘴短而尖,叫声清脆。其中羽毛黄者叫黄莺。

七绝　观潮

一九五七年九月

千里波涛滚滚来,雪花飞向钓鱼台。
人山纷赞阵容阔,铁马从容杀敌回。

这首诗最早发表在《党的文献》一九九三年第六期。

注释:

〔观潮〕指观赏浙江省钱塘江口的涌潮。钱塘潮以每年阴历八月十八日在海宁县(今海宁市)盐官镇所见最为壮观。作者在1957年9月11日(即阴历八月十八日),曾乘车去海宁县盐官镇七里庙观潮。

〔钓鱼台〕即钓台,在钱塘江中段的富春江边,相传为东汉严光(子陵)隐居垂钓处。钱塘潮激起的浪花不可能飞到钓鱼台,这是诗人的夸张想象。

〔人山纷赞阵容阔〕人山,形容观潮的人众多。阵容阔,形容涌潮的阵势壮阔。

〔铁马从容杀敌回〕铁马,配有铁甲的战马,借喻雄师劲旅。南宋陆游《十一月四日风雨大作》:"夜阑卧听风吹雨,铁马冰河入梦来。"钱塘江涌潮袭来时,潮声大作,如闻十万劲旅杀敌凯旋时的军声。唐赵嘏《钱塘》诗:"十万军声半夜潮。"

七绝　刘蕡

一九五八年

千载长天起大云,中唐俊伟有刘蕡。
孤鸿铩羽悲鸣镝,万马齐喑叫一声。

这首诗根据作者审定的抄件刊印。最早发表在中央文献出版社一九九六年九月版《毛泽东诗词集》。

注释:

〔刘蕡(fén)〕(？—842)字去华,幽州昌平(今北京市昌平)人。中唐太和二年(828年),举贤良方正,刘蕡对策称:"宫闱将变,社稷将危","阉寺持废立之权","四凶在朝,虽强必诛"。痛论宦官专权,能废立君主,危害国家,劝皇帝诛灭他们。考官赞赏刘蕡的文章,但惧怕宦官的专横,不敢录取他。令狐楚、牛僧孺都征召他为幕府从事,后授秘书郎。终因宦官诬陷,贬为柳州司户参军,客死他乡。作者在读《旧唐书·刘蕡传》时,对刘蕡的策论很赞赏,旁批:"起特奇。"

〔千载长天起大云〕大云,即庆云。古人说庆云是祥瑞之气,其下隐有贤人。据《尚书大传》,相传舜将禅位给禹,同臣僚在一起唱《卿云》歌:

"卿云烂兮,纠缦缦兮,日月光华,旦复旦兮。"东汉郑玄注:"卿,当为'庆'。"本句寓意是,一千多年前的中唐如果用刘蕡这样的贤人,将会从没落趋向中兴。

〔中唐〕唐朝分初唐、盛唐、中唐、晚唐四期,以大历(766年)到太和(835年)之间为中唐。

〔孤鸿铩(shà)羽悲鸣镝(dí)〕孤鸿,孤单失群的大雁,喻指刘蕡。铩羽,羽毛摧落,这里比喻受挫、失意。鸣镝,也叫响箭,这里比喻宦官对刘蕡的中伤和打击。

〔万马齐喑(yīn)叫一声〕化用清龚自珍《己亥杂诗》诗"万马齐喑究可哀"句。万马齐喑,亦作"万马皆喑"。喑,哑。北宋苏轼《三马图赞引》:"振鬣长鸣,万马皆喑。"意为骏马抖动颈上的鬣毛嘶叫时,其他的马都静默无声。后用来比喻一种沉闷的局面。叫一声,喻指刘蕡冒死大胆攻击宦官,名动一时。

七绝　屈原

一九六一年秋

屈子当年赋楚骚,手中握有杀人刀。
艾萧太盛椒兰少,一跃冲向万里涛。

这首诗根据作者审定的抄件刊印。最早发表在中央文献出版社一九九六年九月版《毛泽东诗词集》。

注释:

〔屈子〕指屈原。屈原(前340—前278),名平,字原,战国楚人,是我国最早的伟大诗人。曾辅佐楚怀王,官至左徒、三闾大夫,主张联齐抗秦,后遭谗言诬陷去职。楚顷襄王时被放逐。因无力挽救楚国的危亡,深感自己的政治理想无法实现,遂投汨罗江而死。

〔楚骚〕屈原创作的楚辞体《离骚》等诗篇,称楚骚或骚体。

〔手中握有杀人刀〕喻指屈原《离骚》等作品所发挥的战斗作用。毛泽东在《关于枚乘〈七发〉》一文中说:"骚体是有民主色彩的,属于浪漫主义流派,对腐败的统治者投以批判的匕首。"

〔艾萧太盛椒兰少〕意为小人多贤士少。艾萧,即艾蒿、臭草,比喻奸佞小人。椒兰,申椒和兰草,皆为芳香植物,比喻贤德之士。艾萧和椒兰都是《离骚》中的语词。

〔一跃冲向万里涛〕意为屈原在悲愤和绝望中投汨罗江自尽,江涛涌向远方。

七绝二首　纪念鲁迅八十寿辰

一九六一年

博大胆识铁石坚,刀光剑影任翔旋。
龙华喋血不眠夜,犹制小诗赋管弦。

其　二

鉴湖越台名士乡,忧忡为国痛断肠。
剑南歌接秋风吟,一例氤氲入诗囊。

这两首诗根据抄件刊印。最早发表在中央文献出版社一九九六年九月版《毛泽东诗词集》。

注释:

〔七绝二首〕这两首诗为七言古绝。七言古绝是绝句的一种,每篇四句,每句七个字;一般押仄声韵,不用律句的平仄,以致不粘、不对;也有押平声韵的,但不依律句的平仄,以致不粘、不对。这两首七绝就属后一种情况。

〔鲁迅〕(1881—1936)浙江绍兴人,现代伟大的文学家、思想家和革命家。

〔寿辰〕生日,一般用于中老年人和尊者。这里指冥寿,即已故人的寿辰。

〔博大胆识铁石坚〕意为鲁迅胆大识博,是一位像铁石那样坚硬的硬骨头好汉。

〔刀光剑影任翔旋〕意为鲁迅在敌人的刀光剑影中,任凭刀剑飞翔回旋,毫不畏惧,从容坦荡。

〔龙华喋(dié)血不眠夜〕1931年2月7日深夜,国民党当局在上海龙华,秘密杀害了包括"左联"作家柔石、胡也频、李伟森、白莽、冯铿在内的革命青年共二十四人。喋血,血流遍地。鲁迅在《为了忘却的记念》一文中说:"在一个深夜里……我沉重的感到我失掉了很好的朋友,中国失掉了很好的青年,我在悲愤中沉静下去了,然而积习却从沉静中抬起头来,凑成了这样的几句:惯于长夜过春时……"

〔犹制小诗赋管弦〕犹制小诗,指鲁迅作《七律·无题》诗:"惯于长夜过春时,挈妇将雏鬓有丝。梦里依稀慈母泪,城头变幻大王旗。忍看朋辈成新鬼,怒向刀丛觅小诗。吟罢低眉无写处,月光如水照缁衣。"赋管弦,指配上音乐,意为广为传播。

〔鉴湖越台名士乡〕鉴湖,在浙江省绍兴城西南两公里。附近有山阴(今绍兴)人南宋陆游吟诗处的快阁。清末女革命家秋瑾(1875—1907),亦是山阴人,自号鉴湖女侠。越台,即越王台,春秋时越王勾践在会稽(今绍兴)为招贤士而建。本句是说,鲁迅的故乡绍兴是古今名人荟萃之地。

〔剑南歌接秋风吟(yìn)〕剑南歌,指陆游的诗集《剑南诗稿》所收诗作。秋风吟,指秋瑾所作的《秋风曲》诗和被清政府杀害前书写的惟一供词"秋风秋雨愁煞人"。接秋风吟,与秋风吟一起。据清汤文潞编《诗韵合璧》,"吟"在这里可读仄声。

〔一例氤氲(yīnyūn)入诗囊〕一例,意即一律,一样。氤氲,形容烟或云气很盛,这里比喻陆游、秋瑾与鲁迅的诗篇富有爱国诗风。诗囊,装诗稿的袋子。唐李商隐《李长吉小传》称,唐李贺"背一古破锦囊,遇有所得,即书投囊中"。本句是说鲁迅继承陆游、秋瑾的爱国诗风,将他们的诗歌精华一律收入自己的诗囊。一说,入诗囊,比喻为载入诗的史册;本句是说鲁迅的诗,同陆游、秋瑾的诗一样,富有爱国诗风,可载入诗史。

杂言诗　八连颂

一九六三年八月一日

好八连，天下传。为什么？意志坚。为人民，几十年。拒腐蚀，永不沾。因此叫，好八连。解放军，要学习。全军民，要自立。不怕压，不怕迫。不怕刀，不怕戟。不怕鬼，不怕魅。不怕帝，不怕贼。奇儿女，如松柏。上参天，傲霜雪。纪律好，如坚壁。军事好，如霹雳。政治好，称第一。思想好，能分析。分析好，大有益。益在哪？团结力。军民团结如一人，试看天下谁能敌。

这首诗最早发表在一九八二年十二月二十六日《解放军报》。

注释：

〔杂言诗〕是古体诗的一种格式，全诗句数和每句字数不固定，一般偶句押韵，可以换韵，既可用平声韵，也可用仄声韵，不讲究平仄、对仗。

〔好八连〕1963年4月25日，国防部批准授予驻守上海的中国人民解放军某部八连"南京路上好八连"的光荣称号。1949年5月,这个连队进驻上海南京路。经过十四年,连队身居闹市,一尘不染,勤俭节约,克己奉公,热爱人民,助人为乐。作者因此写诗赞美他们。

〔拒腐蚀,永不沾〕拒,拒绝,不接受。腐蚀,比喻剥削阶级思想和作风的侵蚀。永不沾,指永远不受剥削阶级思想和作风的沾染。

〔刀、戟(jǐ)〕喻指各种武器。戟,古代一种刺杀兵器,既能直刺,又能横击。

〔鬼、魅(mèi)、帝〕喻当时所说的"帝、修、'反'"。魅,古代传说中的鬼怪。

〔贼〕喻指国内的阶级敌人,即当时所说的反革命分子。

〔奇儿女,如松柏。上参天,傲霜雪〕化用汉曹植《升天行》诗"兰桂上参天"句和《论语·子罕》"岁寒然后知松柏之后凋也"句。

〔纪律好,如坚壁〕意为纪律严明,就像铜墙铁壁,坚不可摧。

〔军事好,如霹雳〕意为军事过硬,就像疾雷声势,威猛奋迅。"如霹雳",语本唐王维《老将行》诗:"汉兵奋迅如霹雳。"

念奴娇　井冈山

一九六五年五月

参天万木,千百里,飞上南天奇岳。故地重来何所见,多了楼台亭阁。五井碑前,黄洋界上,车子飞如跃。江山如画,古代曾云海绿。

弹指三十八年,人间变了,似天渊翻覆。犹记当时烽火里,九死一生如昨。独有豪情,天际悬明月,风雷磅礴。一声鸡唱,万怪烟消云落。

这首词最早发表在人民文学出版社一九八六年九月版《毛泽东诗词选》。

注释:

〔井冈山〕见《西江月·井冈山》注。1965年5月下旬,作者重上井冈山游览视察期间,写了这首词。

〔参天万木〕指井冈山上众多的树木高入云天。

〔千百里〕指井冈山方圆五百多里。

〔飞上南天奇岳〕本句意为,作者乘坐的汽车飞快地驶上了南方雄奇的高山（这里指井冈山）。

〔何所见〕见到了什么。

〔五井碑〕井冈山上有大井、小井、上井、中井、下井等地，总称五井。明清以来立有记修路功德的五井碑，在"文化大革命"中已毁。

〔黄洋界〕见《西江月·井冈山》注。

〔江山如画〕借用北宋苏轼《念奴娇·赤壁怀古》词"江山如画"句。

〔古代曾云海绿〕意为这里古人曾说是海。海绿，绿色的海。

〔弹指三十八年〕见《水调歌头·重上井冈山》注。

〔天渊翻覆〕意同天地翻覆，比喻变化巨大。渊，深潭。

〔烽火〕这里指战火。

〔九死一生如昨〕本句是说，当年井冈山斗争，战火连天，对九死一生的险情，记忆犹新，好像发生在昨天。

〔天际〕天边，天与地相接的地方。

〔风雷磅礴〕比喻革命声势盛大。

〔万怪〕比喻形形色色的坏人。

七律　洪都

一九六五年

到得洪都又一年,祖生击楫至今传。
闻鸡久听南天雨,立马曾挥北地鞭。
鬓雪飞来成废料,彩云长在有新天。
年年后浪推前浪,江草江花处处鲜。

这首诗最早发表在一九九四年十二月二十六日《人民日报》。

注释·

〔洪都〕旧南昌府的别称。隋、唐、宋三代曾以南昌为洪州治所,又为东南都会,因而得名。这里指江西省南昌市。

〔到得洪都又一年〕作者在1964年4月到江西视察工作,曾到过南昌;1965年12月24日再度到南昌,住进赣江之宾的赣江宾馆,所以说这次到南昌是"又一年"。据此可知,本诗作于1965年底。

〔祖生击楫至今传〕祖生,即东晋名将祖逖。304年,匈奴族刘渊在黄河流域建立汉国。中原大乱,祖逖率领亲党数百家来投镇守建邺(今南京市)的晋元帝司马睿。313年,祖逖要求率兵北伐,被任为奋威将军、豫州刺史,率部曲百余家渡江北上,中流击楫,立誓收复中原。击楫,敲打船桨,后用以形容有志报国的抱负和气概。此句暗喻中国共产党领导的南昌起义。

〔闻鸡久听南天雨〕闻鸡,用闻鸡起舞的典故,参见《五古·挽易昌陶》注。雨,即风雨。《诗经·郑风·风雨》:"风雨如晦,鸡鸣不已。"本句写作者于风雨如晦的岁月,在我国南方闻鸡起舞,奋起行动,从事革命斗争。

〔立马曾挥北地鞭〕立马,在马背上勒马而立。挥鞭,喻指率军作战。本句说的是作者经过二万五千里长征,在我国北方指挥抗日战争和解放战争的戎马生涯。

〔鬓雪飞来成废料〕作者用诙谐调侃的语气,慨叹自己鬓发苍白已成无用之人。

〔彩云长在有新天〕彩云,比喻美好的事物。此句意为只要确保马克思主义真理和共产主义理想的存在,就会有社会主义的新天地。一说,彩云即庆云,参见《七绝·刘蕡》注。本句寓意是,只要德才兼备的革命接班人"长在",就会有社会主义的新天地。

〔后浪推前浪〕寓有新陈代谢、新事物更替旧事物、一代胜过一代之意。南宋释文珦《过苕溪》:"只看后浪催前浪,当悟新人换旧人。"

〔江草江花处处鲜〕化用唐杜甫《哀江头》诗"江草江花岂终极"句和唐白居易《忆江南》诗"日出江花红胜火"句。此句形象地描绘了我国欣欣向荣的锦绣面貌,与上句共同表达了作者对我国未来的展望和憧憬。

七律　有所思

一九六六年六月

正是神都有事时，又来南国踏芳枝。
青松怒向苍天发，败叶纷随碧水驰。
一阵风雷惊世界，满街红绿走旌旗。
凭阑静听潇潇雨，故国人民有所思。

这首诗根据作者审定的抄件刊印。最早发表在中央文献出版社一九九六年九月版《毛泽东诗词集》。

注释：

〔有所思〕诗题本于汉无名氏乐府《有所思》，首句为："有所思，乃在大海南。"后人多沿用此题，如唐李贺有古风《有所思》，唐韦应物有五古《有所思》，宋叶茵有五绝《有所思》，等等。

〔正是神都有事时〕神都，古谓京城，这里指首都北京。有事，指"文化大革命"的发动。

〔南国〕中国南方的泛称。作者写这首诗的前后，正在南方巡视。1966年5月15日至6月15日在杭州；途经长沙于17日到韶山滴水洞，在这里住了十一天;28日赴武汉。本诗作于韶山滴水洞。

〔青松怒向苍天发,败叶纷随碧水驰〕此联是对大字报的赞颂。

〔风雷〕风暴与雷霆。这里喻指"文化大革命"的声势。

〔满街红绿走旌旗〕红绿,代指红男绿女,即穿红着绿的青年男女,这里指大、中学生。旌旗,旗帜的通称。

〔凭阑静听潇潇雨〕化用南宋岳飞《满江红》词"凭阑处、潇潇雨歇"句。阑同栏。潇潇,骤急的雨势。

〔故国人民有所思〕化用唐杜甫《秋兴》诗"故国平居有所思"句。故国,《秋兴》诗中指京城长安;本句指祖国,手稿原作"七亿人民有所思"。

七绝　贾谊

贾生才调世无伦,哭泣情怀吊屈文。
梁王堕马寻常事,何用哀伤付一生。

这首诗根据抄件刊印。最早发表在中央文献出版社一九九六年九月版《毛泽东诗词集》。

注释：

〔贾生才调世无伦〕本句用唐李商隐《贾生》诗"贾生才调更无伦"句。从中央档案馆编《毛泽东手书选集》得知,毛泽东曾两次书写《贾生》诗,每次都凭记忆写作"贾生才调世无伦",把"更"误记为"世"。贾生,指贾谊(前200—前168),洛阳(今河南洛阳东)人,时称贾生,西汉政论家、文学家。初被汉文帝召为博士,不久迁为太中大夫。文帝想任其为公卿,因遭大臣周勃、灌婴等排挤,被贬为长沙王太傅。才调,指才气、才能。

〔哭泣情怀吊屈文〕贾谊在《上疏陈政事》中说："臣窃惟事势,可为痛哭者一,可为流涕者二。"贾谊在梁怀王堕马死后,"哭泣岁余,亦死"。吊屈文,贾谊贬为长沙王太傅后,渡湘江时有感于屈原忠而见疏,作《吊屈原赋》,"因以自喻"。

〔梁王堕马寻常事,何用哀伤付一生〕贾谊后被征拜为梁怀王太傅,因梁怀王堕马而死,他认为自己"为傅无状",忧郁自伤,不久去世。作者非常赞赏贾谊的才华,认为他因哀伤而死不值得,对此感到很惋惜。从林克保存的抄件看,此诗末句原为"何用轻容付一生",后圈掉"轻容"二字,改为"哀伤"。

七律　咏贾谊

少年倜傥廊庙才,壮志未酬事堪哀。
胸罗文章兵百万,胆照华国树千台。
雄英无计倾圣主,高节终竟受疑猜。
千古同惜长沙傅,空白汨罗步尘埃。

这首诗根据抄件刊印。最早发表在中央文献出版社一九九六年九月版《毛泽东诗词集》。

注释:

〔少年倜傥(tìtǎng)廊庙才〕本句是说,贾谊年少有才,豪爽洒脱,是国家的栋梁之材。据《汉书·贾谊传》载,贾谊十八岁时,以能诵读诗书,善文章,为郡人所称;二十多岁任博士,一年之内超迁为太中大夫。廊庙,指朝廷。廊庙才,指才能和才气可任朝廷要职的人。

〔胸罗文章兵百万〕胸罗文章,指贾谊胸有锦绣文章。他的政论文如《过秦论》《治安策》《论积贮疏》等,提出了一系列治国策略和改革制度的主张,表现出卓越的政治远见和才能。兵百万,比喻贾谊论治国策略的锦绣文章其作用抵得上百万军队。

〔胆照华国树千台〕胆照,肝胆相照。华国,即华夏,这里指汉王朝。树千台,指建立众多的诸侯国。汉制设立"三台",即尚书为中台,御史为宪台,谒者为外台,分别掌管政事、监察、外交。建立众多的诸侯国则势将设立"千台"。贾谊主张加强中央集权,削弱诸侯王势力。他在《治安策》中指出,"欲天下之治安,莫若众建诸侯而少其力"。

〔雄英无计倾圣主〕雄英,出类拔萃的人。三国魏曹植《大司马曹休诔》:"年没弱冠,志在雄英。"倾,折服,说服。圣主,借用古代称颂帝王的惯用语,这里指汉文帝。唐李白《峨眉山月歌送蜀僧晏入中京》:"君逢圣主游丹阙";《巴陵赠贾舍人》:"圣主恩深汉文帝。"

〔长沙傅〕指被贬谪为长沙王太傅的贾谊。

〔空白汨罗步尘埃〕空白,徒然说,白说。汨罗,即汨罗江,在湖南省东北部。这里化用屈原自沉汨罗江的典故。步尘埃,即步后尘。贾谊在《吊屈原赋》中对屈原选择投江殉国的归宿,颇不以为然,说"所贵圣之神德兮,远浊世而自藏"。本句意为贾谊对屈原投江的议论是白说了,他虽没有投江而死,但因梁怀王堕马死而忧伤死去,同于屈原的投江,还是步了后尘。

附 录

四言诗 祭母文

一九一九年十月八日

呜呼吾母,遽然而死。寿五十三,生有七子。七子馀三,即东民覃。其他不育,二女二男。育吾兄弟,艰辛备历。摧折作磨,因此遘疾。中间万万,皆伤心史。不忍卒书,待徐温吐。今则欲言,只有两端:一则盛德,一则恨偏。吾母高风,首推博爱。远近亲疏,一皆覆载。恺恻慈祥,感动庶汇。爱力所及,原本真诚。不作诳言,不存欺心。整饬成性,一丝不诡。手泽所经,皆有条理。头脑精密,劈理分情。事无遗算,物无遁形。洁净之风,传遍戚里。不染一尘,身心表里。五德荦荦,乃其大端。合其人格,如在上焉。恨偏所在,三纲之末。有志未伸,有求不获。精神痛苦,以此为卓。天乎人欤,倾地一角。次则儿辈,育之成行。如果未熟,介在青黄。病时揽手,酸心结肠。但呼儿辈,各务为良。又次所怀,好亲至爱。或属素恩,或多劳瘁。大小亲疏,均待报赍。总兹所述,盛德所辉。必秉悃忱,则效不违。致于所恨,必补遗缺。念兹在兹,此心不越。养育深恩,春晖朝霭。报之何时,精禽大海。呜呼吾母,母终未死。躯壳虽隳,灵则万古。有生一日,皆报恩时。有生一日,皆伴亲时。今也言长,时则苦短。惟挈大端,置其粗浅。此时家奠,尽此一觞。后有言陈,与日俱长。尚飨!

这篇祭文最早发表在湖南出版社一九九〇年七月版《毛泽东早期文稿》。

注释：

〔四言诗〕古体诗的一种格式。每句四个字,句数不限,一般偶句押韵,也可三句、四句一押韵,可以换韵,首句可押可不押,不讲究平仄、对仗。

〔祭母文〕毛泽东的母亲文素勤(文七妹),生于1867年2月12日,湖南湘乡人,1919年10月5日患淋巴腺炎病逝。这篇祭文是毛泽东闻母噩耗从长沙回家奔丧在灵前所写。古代祭文体裁可以是韵文,可以是散文,也可以是韵文、散文兼用。毛泽东的《祭母文》是用四言韵文形式写成的,故列入四言诗。

〔呜呼〕旧时祭文中常用的叹词,这里是作者对亡母的哀悼。

〔遽(jù)然〕突然。

〔寿〕寿命,生命的年限。

〔东民覃〕指毛泽东、毛泽民、毛泽覃。毛泽民(1896—1943),毛泽东的大弟。1921年春参加革命,1922年加入中国共产党。先后担任安源路矿工人消费合作总社总经理、中共中央出版发行部经理、中华苏维埃共和国临时中央政府国家银行行长、中华工农民主政府国民经济部部长等职。抗日战争时期在新疆从事抗日民族统一战线工作,任新疆省政府财政厅代理厅长、民政厅厅长。后被新疆军阀盛世才杀害于迪化(今乌鲁木齐)。毛泽覃(1905—1935),毛泽东的二弟。先后担任社会主义青年团长沙地委书记处书记、红三军政治部主任、红军独立师政委兼师长、苏区中央局秘书长。中央红军长征后,担任中央苏区分局委员、红军独立师师长。后在江西瑞金与敌军作战时牺牲。

〔不育〕指夭折,即没有养活或养大。

〔艰辛备历〕即历尽艰苦。备,尽,全部。历,经过。

〔摧折作磨,因此遘(gòu)疾〕遘,遭遇。疾,病。这二句意为遭挫折、受磨难,因此患病。

〔不忍卒书,待徐温吐〕卒,完毕,结束。温,复习,引申为回忆。吐,说出来。这二句意为不忍心全都写完,等待以后慢慢回忆讲述。

〔今则欲言〕今则,犹今之、今者,则,助词。欲言,想要说的。

〔一则盛德,一则恨偏〕一则,犹一条、一方面。盛德,即大德,指高尚品德。恨偏,即偏恨,指偏于怨恨或特别遗憾。

〔博爱〕指对人们普遍的爱。

〔远近亲疏,一皆覆载〕远近,指近亲远戚。亲疏,指亲近、疏远者。一皆,全都。覆载,即天覆地载,原指天地养育及包容万物;这里指给予恩惠,慷慨接济。

〔恺恻(kǎicè)慈祥,感动庶汇〕借用清代曾国藩家书中的成语。恺,快乐。恻,诚恳。慈祥,仁慈和蔼。庶,古代指百姓、民众。汇,汇集,聚集。庶汇,此处指众人。这二句意为性情快乐诚恳,仁慈和蔼,感动了众人。

〔诳(kuáng)言〕骗人的话。

〔整饬(chì)成性,一丝不诡(guǐ)〕整饬,整理,使有条理。不诡,不违反。这二句意为治家有条理成为天性,一丝一毫不违反。

〔手泽所经〕手泽,原指手汗沾润,此处指亲手。本句意为亲手经办的事情。

〔劈理分情〕意为分析事理,区分情况。

〔事无遗算,物无遁形〕事无遗算,化用西晋陆机《辨亡论》句:"谋无遗算。"遗算,失于算计。物无遁形,借用陆机《汉高祖功臣颂》句:"物无遁形。"遁,隐藏。这二句意为对事情的谋划没有不周密的,对事物的观察眼光也非常敏锐。

〔洁净之风〕指爱清洁干净的习惯、品格。

〔戚里〕亲戚与邻里。

〔不染一尘,身心表里〕身为表,心为里。这二句意为从身体到内心,都是一尘不染。

〔五德荦(luò)荦,乃其大端〕五德,儒家以温、良、恭、俭、让为修身的五种品德。荦荦,分明。大端,这里指做人的大节。

〔合其人格,如在上焉〕合,综合。如,应当。在,属于。上,旧指尊长。焉,表语气。这二句意为综合母亲的人格,应当属于受人尊敬的长辈。

〔三纲之末〕儒家提出:"君为臣纲,父为子纲,夫为妻纲。"这三纲是封建社会的三种伦理关系。"夫为妻纲",处于三纲中的末尾。

〔有志未伸,有求未获〕伸,同申,表白。获,得到。这二句意为有意志未能得到表白,有需求未能得到满足。

〔为(wéi)卓〕为,成为。卓,特出。

〔天乎人欤,倾地一角〕意为苍天啊,人世啊,精神的痛苦就像大地塌陷一个角落。前句表达儿辈的悲呼,后句比喻母亲痛苦的深重。

〔育之成行(háng)〕育,养育。之,代儿辈。成行,指长大成人。唐杜甫《赠卫八处士》:"儿女忽成行。"

〔如果未熟,介在青黄〕介,处于二者之间。青黄,指果子将要成熟而尚未成熟。这二句是说,儿辈如同果子,尚未完全成熟,处于将要成熟而尚未成熟之间。当年毛泽民二十三岁,毛泽覃年仅十四岁。

〔酸心结肠〕即心酸肠结,比喻悲痛至极。

〔各务为良〕各,各自。务,必须。良,指做人要清白。

〔或属素恩,或多劳瘁〕或,有的人。属,是。素,向来。多,过分。这二句意为有的人是向来受其恩惠,有的人过分劳累病苦(另有一说是有的人曾为毛家辛劳,帮助过毛家)。

〔大小亲疏,均待报赉(lài)〕报赉,报答与赠送。这二句意为,年龄不分大小,关系不论亲疏,都等随后给予报答与赠送。

〔总兹所述,盛德所辉〕兹,此,即以上。所,助词,用在动词前面。辉,辉映,照耀。这二句意为,总括以上叙述,都为母亲的高尚品德所辉映。

〔必秉悃(kǔn)忱,则效不违〕秉,秉持。悃忱,诚恳的心意。则效,效法,仿效。《诗经·小雅·鹿鸣》:"君子是则是效。"不违,不违背。这二句意为,一定秉持诚恳的心意,仿效母亲,绝不违背。

〔念兹在兹,此心不越〕念兹在兹,借用《尚书·虞书·大禹谟》句:"念兹在兹"。兹,此,指皋陶。这句原意,夏禹要虞舜思念此人,不要忘记他的功劳。后泛指念念不忘。不越,不超出,不改变。这二句意为,念念不忘要补救母亲抱憾之事,这种心意绝不改变。

〔春晖朝(zhāo)霭〕春晖,春天的阳光。唐孟郊《游子吟》:"谁言寸草心,报得三春晖。"后来春晖用以比喻母爱的温暖。朝霭,早晨的云气。

〔精禽大海〕精禽,指古代神话中的鸟,名精卫。大海,这里指填海。据《山海经·北山经》,相传炎帝女因游东海淹死,灵魂化为精卫,经常衔西山木石,以填东海。本句意为要以精卫填海的精神永不停息地来报答母亲的养育深恩。

〔躯壳虽隳(huī),灵则万古〕隳,毁坏。灵,精神。

〔惟挈大端,置其粗浅〕挈,举出。大端,这里指主要方面。置,置辞,即措辞。粗浅,这里指文辞粗略浅陋,可看作谦辞。

〔家奠〕即家祭。

〔尽此一觞〕尽,完,饮完,引申为干。觞,酒杯。本句意为请母亲干这杯酒。

〔尚飨〕旧时祭文常用作结束语,这里意为希望亡母来享用祭品。

归国谣　今宵月

一九一九年十月

今宵月,直把天涯都照彻。清光不令青山失。
清溪却向青滩泄。鸡声歇,马嘶人语长亭白。

这首词最早以毛泽东手迹与释文发表在一九九二年十一月《中国风》创刊号。

注释：
〔归国谣·今宵月〕这首词是作者在1919年10月葬母并过"头七"后,夜别韶山赶回长沙时所作。
〔归国谣〕词牌名,一作《归自谣》。
〔今宵月〕化用辛弃疾《木兰花慢》"可怜今夕月"句。
〔天涯〕天边,极远的地方。
〔照彻〕照透。
〔清光〕即月光,犹清辉。唐杜甫《月夜》诗有"清辉玉臂寒"句。
〔不令〕犹不使、不让。作者手迹原作"不今",系笔误。
〔清溪〕指韶河,在韶山冲由西向东流。东部有清溪山,建有清溪寺。

旧时设清溪乡(作者故乡韶山旧属清溪乡),今建清溪镇。

〔青滩〕指韶河流入涟水的汇合处。

〔泄(xiè)〕排出。

〔长亭〕旧时大道上行人休息与送别的亭子。

四言诗　祭黄陵文

一九三七年三月

赫赫始祖,吾华肇造。胄衍祀绵,岳峨河浩。聪明睿知,光被遐荒。建此伟业,雄立东方。世变沧桑,中更蹉跌。越数千年,强邻蔑德。琉台不守,三韩为墟。辽海燕冀,汉奸何多!以地事敌,敌欲岂足。人执笞绳,我为奴辱。懿维我祖,命世之英。涿鹿奋战,区宇以宁。岂其苗裔,不武如斯。泱泱大国,让其沦胥。东等不才,剑屦俱奋。万里崎岖,为国效命。频年苦斗,备历险夷。匈奴未灭,何以家为?各党各界,团结坚固。不论军民,不分贫富。民族阵线,救国良方。四万万众,坚决抵抗。民主共和,改革内政。亿兆一心,战则必胜。还我河山,卫我国权。此物此志,永矢勿谖。经武整军,昭告列祖。实鉴临之,皇天后土。尚飨!

这篇祭文最早发表在一九三七年四月六日延安《新中华报》。

注释：

〔祭黄陵文〕毛泽东写作这篇四言诗体的祭文时，正值日本帝国主义对中国发动大规模进攻的前夕，中华民族处于危亡的紧要关头，中国人民抗日救亡运动风起云涌。同时，不久前发生的西安事变在中国共产党的斡旋下和平解决，促成了国民党停止内战，抗日民族统一战线正在逐渐形成。这篇祭文的问世，具有特殊的重要意义。它抒发了中国人民重振民族雄风的共同心声，代表了中国人民誓死抗日救亡的强烈愿望。

〔黄陵〕又称黄帝陵，传为轩辕黄帝的陵墓，在陕西省黄陵县城北的桥山上。

〔赫赫始祖，吾华肇造〕赫赫，形容声名昭著、功业伟大。始祖，最初的祖先，指轩辕黄帝，后世称"人文初祖"。黄帝，传说中我国上古时的部落领袖。本姓公孙，后改姓姬，号轩辕氏、有熊氏。相传炎帝扰乱各部落，他率领各部落打败炎帝。后蚩尤扰乱，他又率领各部落在涿鹿击杀蚩尤。从此，他由部落首领被拥戴为部落联盟领袖。传说黄帝时有许多发明创造，如蚕桑、医药、舟车、文字、音律、算数等。吾华肇造，意为开始缔造我中华民族。

〔胄衍祀绵，岳峨河浩〕胄衍，后裔繁衍不绝。祀绵，祭祀绵延不断。岳峨，五岳巍峨。河浩，黄河浩荡。

〔睿知〕明智。知，通智。《荀子·赋》："无知无巧，善治衣裳。"杨倞注："知，读为智。"

〔光被遐荒〕光，通广。被，及。遐荒，远方荒僻之地。本句意为开拓疆域广及荒远之地。

〔世变沧桑，中更蹉跌〕世变，世事变化。沧桑，沧海变为桑田，比喻经历许多世事变化。中更，中间经历。蹉跌，失足跌倒，比喻失误、挫折。

〔强邻蔑德〕强邻，强悍的邻国，这里指日本帝国主义。蔑德，没有国际公德，这里指发动侵略战争。

〔琉台不守〕琉，指琉球国，原为中国属国，属清朝版图，1879年被日本吞并。台,指台湾,1895年根据丧权辱国的《马关条约》割让给日本。不守,即指琉球、台湾两块国土的丧失。

〔三韩为墟〕我国汉代时,朝鲜南部分为马韩、辰韩、弁辰三国,至晋代弁辰亦称弁韩,合称三韩,后用为朝鲜的代称。为墟,成为废墟,这里指1910年日本吞并朝鲜。

〔辽海燕冀〕辽海,古地区名,指辽河流域以东至渤海地区,这里泛指东北。燕冀,燕,曾是河北省的别称,冀是河北省的简称,这里泛指华北。

〔何多〕何其多,多么多。

〔以地事敌,敌欲岂足〕这二句意为用国土侍奉敌人,敌人的野心哪里能满足。

〔笞(chī)绳〕这里指刑具。笞,指用于鞭打和杖击的鞭子、棍棒。绳,指用于捆绑的绳索。

〔奴辱〕即辱奴,意为受辱的奴仆。

〔懿(yì)维我祖,命世之英〕懿,指懿德,美好德行。维,助词,无义。命世,同名世,闻名于世。这二句意为我们的始祖黄帝是有美好德行的闻名于世的英雄。

〔涿鹿奋战,区宇以宁〕涿鹿,在今河北省涿鹿县东南。区宇,疆域,天下。这二句意为,黄帝率领各部落同九黎族首领蚩尤所率部落,在涿鹿之野奋力决战,蚩尤战败被杀,从此天下得以安宁。

〔岂其苗裔,不武如斯〕岂,难道。其,指代黄帝。苗裔,后代子孙。屈原《离骚》:"帝高阳之苗裔兮。"不武,指不尚武,即指不注重军事。如斯,如此。这二句意为,难道黄帝的子孙如此不注重用军事抵抗敌人。

〔沦胥〕犹沦陷,意为国土被敌人占领。

〔东等不才,剑屦(jù)俱奋〕东等,指以毛泽东为代表的中共中央领导人。不才,自谦之词。剑屦俱奋,用"剑及屦及"的典故。《左传·宣公十四年》载:春秋时楚庄王派申舟去齐国聘问,路过宋国,申舟被宋人所杀。楚庄王听到消息后,急欲出兵为申舟报仇,迫不及待地奔跑出去,奉

169

屦的人追到寝门,奉剑的人追到寝门以外,驾车的人追到蒲胥之市才追上他。这个典故,原意是用以形容行动坚决迅速,这里意为中国共产党人抗日的行动坚决迅速。

〔万里崎岖〕万里,指工农红军万里长征。崎岖,比喻征途处境困难,历经险阻。

〔为国效命〕本句是说,为了保卫国家,将奋身以赴,献出自己的生命。

〔备历险夷〕意为历尽危险。备,尽。险夷,偏义复词,偏指险。夷,平安;亦可作助词解,无义。

〔匈奴未灭,何以家为〕化用《史记·卫将军骠骑列传》句:"匈奴未灭,无以家为也。"这原本是西汉抗击匈奴入侵的名将霍去病的一句名言,原意是匈奴没有消灭,不可能顾及家。此处化用这句话,意为日本侵略者没有消灭,要家干什么?表达了中国共产党人为了抗日救国将个人小家置之度外的决心。

〔民族阵线〕指中国共产党提出建立的抗日民族统一战线。

〔亿兆一心〕犹万众一心。亿兆,极言众多。

〔此物此志〕此物,指还我河山;此志,指卫我国权。

〔永矢勿谖(xuān)〕借用《诗经·卫风·考槃》句:"永矢弗谖。"只将弗改为勿。矢,誓。谖,忘记。本句意为永志不忘。

〔经武整军,昭告列祖〕经武整军,即整军经武。这二句意为,决心整顿军队,经营军备,用实际行动明白地告诉各位祖先。

〔实鉴临之,皇天后土〕化用晋代李密《陈情表》句:"皇天后土,实所共鉴。"实,助词,无义。鉴,明察。临之,来临。皇天后土,对天地的敬称。因押韵的需要,这二句前后倒置,意为天地神灵请来明察。

〔尚飨〕旧时祭文常用结束语,这里意为希望始祖黄帝来享用祭品。

七律　重庆谈判

一九四五年秋

有田有地吾为主，无法无天是为民。
重庆有官皆墨吏，延安无土不黄金。
炸桥挖路为团结，夺地争城是斗争。
遍地哀鸿满城血，无非一念救苍生。

这首诗最早曾发表在一九四七年四月二十二日上海《大公报》和一九四九年三月十三日上海《立报》。

注释：

〔重庆谈判〕1945年8月，在抗日战争胜利结束时，蒋介石为了抢夺抗战胜利果实，蓄意挑动内战，但慑于国内外要求和平民主的强大政治压力，同时也为了争取时间调兵遣将开赴内战前线，于是玩弄起假和平的诡计。他在8月接连三次发电报邀请毛泽东赴渝和平谈判。毛泽东为了揭露蒋介石假和平、真内战的阴谋，不顾个人安危，毅然偕同周恩来、王若飞于8月28日从延安乘飞机抵达重庆，率中国共产党和谈代表团同中国国民党和谈代表团进行了为期四十三天的谈判，这是一场激烈的政治斗争,史称"重庆谈判"。10月10日,国共双方签订了《会谈纪要》,即《双十协定》。毛泽东胜利完成谈判使命后于第二天飞返延安。在重庆谈判期间,毛泽东创作了这首七律政论诗,墨迹未干,就在山城广为传抄。

〔有田有地吾为(wéi)主〕这里是作者对蒋介石要中共交出解放区的反击。田与地,指土地,国土。有田有地,喻指保有解放区。为,动词,做。吾为主,意为人民当家做主。在重庆谈判中蒋介石同毛泽东几次面谈都提出要中共放弃解放区,被毛泽东断然拒绝,但同意做出让步。在谈判后期,中共方面曾同意让出八个解放区,未被国民党方面接受。最后,双方在解放区问题上未获协议。

〔无法无天是为(wèi)民〕这里是作者对蒋介石要中共交出军队的反击。无法无天,喻指保存人民军队。1945年8月13日,毛泽东在《抗日战争胜利后的时局和我们的方针》一文中指出:"今年三月一日蒋介石说过:共产党交出军队,才有合法地位。……我们没有交出军队,所以没有合法地位,我们是'无法无天'。"为,介词,为了。是为民,意为是为了人民的利益。在重庆谈判中,蒋介石坚持要中共交出军队,被毛泽东断然拒绝,但同意做出让步。在谈判后期,中共方面曾同意军队缩编到二十四个师,还可以少到二十个师,未被国民党方面接受。最后双方在军队问题上未获协议。

〔重庆有官皆墨吏〕重庆,当时是四川省东部的重镇,1938年至1946年为国民党政府的陪都,指代国民党政府统治的国统区。有官,指国民党官员。墨吏,贪污的官吏。《左传·昭公十四年》:"贪以败官为墨。"西晋杜预注:"墨,不洁之称。"本句意为,国民党政府统治的国统区,政治黑暗,官吏贪腐,搜括民财,民不聊生。

〔延安无土不黄金〕延安,在陕西省北部,1937年1月至1947年3月为中共中央所在地,指代中共领导下的解放区。谚语说:"众人一条心,黄土变成金。"本句意为,在中共领导下的解放区,政治修明,干部廉洁,人民当家做主,万众一心,就连黄土也会变成金。

〔炸桥挖路为团结〕炸桥挖路,指解放区军队进行的交通破击战。为团结,意为解放区军队炸断桥梁、挖毁道路,打击沿铁路线向解放区进犯的国民党军,是为了制止内战、谋求团结、争取和平。

〔夺地争城是斗争〕指中国共产党领导的解放区军民反对蒋介石篡夺抗战胜利果实、抢占解放区土地的斗争。毛泽东在《抗日战争胜利后的时局和我们的方针》中指出:"蒋介石对于人民是寸土必夺,寸利必得。我们呢?我们的方针是针锋相对,寸土必争。"

〔遍地哀鸿满城血〕哀鸿,哀鸣的大雁。《诗经·小雅·鸿雁》:"鸿雁于飞,哀鸣嗷嗷。"这里喻指原沦陷区和国统区的灾民。满城血,指国民党当局大举调兵进攻解放区的城镇,进行大肆烧杀,造成大量军民流血伤亡。

〔无非一念救苍生〕一念,一个念头,指作者赴重庆谈判的目的。苍生,本指草木丛生的地方,后借指百姓,这里喻指全国人民。本句是说,作者来重庆参加国共谈判,只有一个目的,就是避免内战、争取和平,以求拯救全国人民。

七绝　仿陆游诗

一九五八年十二月二十一日

人类今娴上太空,但悲不见五洲同。
愚公尽扫饕蚊日,公祭无忘告马翁。

这首诗最早发表在中央文献出版社一九九二年八月版《建国以来毛泽东文稿》第七册。

注释:

〔七绝・仿陆游诗〕这是一首仿陆游《示儿》诗的剥体诗,即剥用了该诗的诗体、诗韵以及诗中的句、词和字。

〔陆游〕见《卜算子・咏梅》注。

〔人类今娴(xián)上太空〕一九五七年十月四日,苏联成功地发射了人类第一颗人造地球卫星。一九五八年二月一日,美国也成功地发射了一颗人造地球卫星。娴,熟习,熟练。

〔但悲不见五洲同〕但悲,只是悲伤。五洲,见《满江红・和郭沫若同志》注。五洲同,指全世界实现共产主义。

〔愚公尽扫饕(tāo)蚊日〕作者在广州创作本诗时,写有一段话:"鲁迅一九二七年在广州,修改他的《古小说钩沉》,然后说道:于时云海沉沉,星月澄碧,饕蚊遥叹,予在广州。(按:这是作者凭记忆写的。鲁迅一九二七年编校《唐宋传奇集》后,作《序例》,文末题记说:'时大夜弥天,璧月澄照,饕蚊遥叹,余在广州。')从那时到今天,三十一年了,大陆上的饕蚊灭得差不多了,当然,革命尚未全成,同志仍须努力。港台一带,饕蚊尚多,西方世界,饕蚊成阵。安得起全世界各民族千百万愚公,用他们自己的移山办法,把蚊阵一扫而空,岂不伟哉!"愚公,中国古代寓言中人名。《列子·汤问》有一则寓言,叫作"愚公移山"。说有一位老人,名叫北山愚公,他的家门前有两座大山,挡住他家的出路,他下决心要把山铲平。于是愚公率领儿子们天天挖山不止。他说:我死有子,子又有孙,子子孙孙是没有穷尽的;山不增高,挖一点少一点,为什么忧虑挖不平呢?本诗中的愚公,喻指全世界的无产阶级。饕,贪得无厌。《汉书·礼乐志》:"贪饕险诐。"颜师古注:"贪甚曰饕。"本诗中的饕蚊,喻指全世界的资产阶级。

〔马翁〕指全世界无产阶级的革命导师马克思。翁,对年长者的敬称。

附:陆游原诗

七绝　示儿

死去元知万事空,但悲不见九州同。
王师北定中原日,家祭无忘告乃翁。

注释:

〔示儿〕这首诗是陆游的绝笔诗,可看作是遗嘱,作于一二一〇年春。示儿,给儿子看。

〔元知〕即原知。元,本来,原先。

〔九州同〕九州,传说中的我国上古时的行政区划,泛指中国。九州同,指打败金兵,收复中原,统一中国。

〔王师〕帝王的军队,这里指南宋王朝的军队。

〔中原〕广义的中原指黄河中下游地区。这里泛指中国北方。

〔乃翁〕你的父亲,是父亲对儿子的自称。

七律　读报

一九五九年十一月

反苏昔忆闹群蛙,今日重看大反华。
恶煞腐心兴鼓吹,凶神张口吐烟霞。
神州岂止千重恶,赤县原藏万种邪。
遍找全球侵略者,仅馀中国一孤家。

这首诗根据作者审改的抄件刊印。近年来此诗为不少出版物所载,多有讹误。

注释:

〔读报〕诗题"读报"意为这首诗是读了一些报纸新闻后的即兴之作。

〔反苏昔忆闹群蛙〕指20世纪20年代新生的苏维埃社会主义共和国联盟,简称苏联,曾遭到西方帝国主义国家的群起反对。闹群蛙,是对当年反苏喧嚣声的冷嘲热讽。

〔今日重看大反华〕1959年3月起,帝国主义、修正主义和反动民族主义(简称"帝、修、反")等反华势力掀起一股反华逆流。

〔恶煞(shà)腐心兴鼓吹〕恶煞,传说中的凶神,这里喻指凶恶的反华势力。腐心,形容痛恨之极。《史记·刺客列传》:"此臣之日夜切齿腐心也。"唐司马贞《史记索隐》:"切齿,齿相磨切也……腐音辅,亦烂也。犹今人事不可忍云腐烂然,皆奋怒之意。"兴鼓吹,开始宣扬。

〔凶神张口吐烟霞〕这里比喻反华势力进行造谣诬蔑等欺骗性宣传。

〔神州岂止千重恶,赤县原藏万种邪〕本联和尾联,是作者用反讽笔法,揭露反华势力对中国进行的攻击和谩骂。神州、赤县,指中国。战国时代的驺衍说:"中国名曰赤县神州。"岂止,哪里只有。原藏,本来隐藏。千重与万种,同义,极言众多。恶,罪恶。邪,邪气。

〔侵略者〕"帝、修、反"诬蔑中国"好战",是"侵略者"。

〔仅馀中国一孤家〕本句意为,只剩下中国是独有的一家。

七律　读报

一九五九年十二月

西海而今出圣人，涂脂抹粉上豪门。
不知说了啥些事，但记西方是友朋。
举世劳民尊匪盗，万年宇宙绝纷争。
列宁火焰成灰烬，人类从兹入大同。

这首诗根据作者审改的抄件刊印。近年来此诗为不少出版物所载，多有讹误。

注释：

〔西海而今出圣人〕西海，我国古代史籍常称西方极远处的海为西海，这里指黑海和里海，代指苏联。圣人，旧时指品格最高尚、智慧最高超的人物，这里是暗讽赫鲁晓夫（1894—1971）的反话。他当时任苏联共产党中央委员会第一书记，苏联部长会议主席。

〔涂脂抹粉上豪门〕本句讽刺和比喻1959年9月赫鲁晓夫盛装打扮访问美国。

〔不知说了啥些事，但记西方是友朋〕这首诗的过程稿上此联原为

"一辆汽车几间屋,三头黄犊半盘银"。1959年10月2日,中苏两党在北京举行会谈,赫鲁晓夫在会谈一开始就讲他的访美见闻。他说,他所到之处受到很热烈的欢迎,一位农场主送他三头良种牛,一位资本家送他一盘古银币;又说,美国差不多每个家庭都有汽车,一家都有几间房;又讲到他去戴维营的情景,说艾森豪威尔总统热情接待他,带他去看自己的农场。

〔举世劳民尊匪盗〕劳民,劳动人民。匪盗,喻指资产阶级。本句意为,如果听信赫鲁晓夫的话,全世界劳动人民要尊奉资产阶级的利益。

〔列宁火焰成灰烬〕本句意为,列宁点燃的社会主义革命的火焰,将熄灭成为灰烬。

〔人类从兹入大同〕本句意为,人类从此进入资本主义的一统江山。

七律　读报

一九五九年十二月

托洛茨基到远东,不和不战逞英雄。
列宁竟撇头颅后,叶督该拘大鹫峰。
敢向邻居试螳臂,只缘自己是狂蜂。
人人尽说西方好,独惜神州出蠢虫。

这首诗根据作者审定的铅印件刊印。近年来此诗为不少出版物所载,略有讹误。

注释:

〔托洛茨基到远东〕托洛茨基(1879—1940),十月革命时,任俄国社会民主工党(布尔什维克)中央政治局委员。十月革命胜利后,曾任革命军事委员会主席等职。1918年反对列宁关于同德国签订《布列斯特和约》的主张,提出了"既不签订和约,也不进行战争"的口号。列宁逝世后,反对列宁关于在苏联建设社会主义的理论和路线。1927年11月被开除出党。1929年1月被驱逐出苏联。1940年8月在墨西哥遭暗杀。这里暗指赫鲁晓夫1959年10月访华回国后到了苏联远东海参崴等地。

〔不和不战〕这原是赫鲁晓夫攻击中国共产党的话。1959年10月31日在苏联最高苏维埃会议上,以及同年12月1日在匈牙利社会主义工人党代表会议上,他不指名地攻击中国共产党是"不战不和的托洛茨基主义"。这里作者是对赫鲁晓夫的反击,讽刺他在战争与和平问题上的尴尬立场。

〔列宁竟撇头颅后〕把列宁的教导抛到脑后,都忘了。

〔叶督该拘大鹫(jiù)峰〕叶督,指叶名琛(1807—1859),湖北汉阳人。1852年任两广总督。1857年英法联军进攻广州,他既不积极备战,又拒绝同敌军议和,临战还不肯抵抗,被当时人讥讽为"不战不和不守"。广州失陷后,他被俘,押解到印度加尔各答拘禁,不久死于该地。大鹫峰,即印度灵鹫山,或称鹫峰,为佛说法之地。这里代指印度。本句暗喻赫鲁晓夫就是叶名琛这样的人。

〔敢向邻居试螳臂〕敢,竟敢。邻居,指中国。试,试用。螳臂,《庄子·人间世》:"汝不知夫螳螂乎,怒其臂以当车辙,不知其不胜任也。"后来用"螳臂当车"比喻不自量力,必然失败。

〔只缘自己是狂蜂〕缘,因为。自己,指赫鲁晓夫。狂蜂,指带有毒刺、能蜇人的发狂的马蜂。

〔独惜神州出蠢虫〕蠢虫,糊涂人。本句是反话,针对上句"人人尽说西方好",说惟独中国出了对此持相反观点的"糊涂人"。

七律　改鲁迅诗

一九五九年十二月

曾警秋肃临天下,竟遣春温上舌端。
尘海苍茫沉百感,金风萧瑟走高官。
喜攀飞翼通身暖,苦坠空云半截寒。
悚听自吹皆圣绩,起看敌焰正阑干。

这首诗根据作者审定的铅印件刊印。近年来此诗为不少出版物所载,多有讹误。

注释:

〔七律·改鲁迅诗〕1935年秋,鲁迅写下《七律·亥年残秋偶作》。毛泽东根据1959年底的国际局势,借用鲁迅该诗的一些意境和词句,改作为一首政治讽刺诗,抒发自己对现实的感怀。这是一首仿鲁迅《亥年残秋偶作》的剥体诗,即剥用了该诗的诗体、诗韵以及诗中的句、词和字。鲁迅,见《七绝二首·纪念鲁迅八十寿辰》注。

〔曾警秋肃临天下〕秋肃,形容秋天的肃杀、萧条,这里喻指帝国主义推行冷战政策和战争政策。本句意为曾经告诫帝国主义推行冷战政策和战争政策将给世界人民带来灾难。

〔竟遣春温上舌端〕春温,形容春天的温暖。这句借喻赫鲁晓夫美化美帝国主义,鼓吹他1959年9月访美,同艾森豪威尔总统的会晤"在国际关系的气氛中引起了转暖的某种开端",使"'冷战'的冰块在开始融化",赞扬艾森豪威尔是"明智"派,"真正希望消除'冷战'状态","真诚希望和平"。

〔金风萧瑟走高官〕金风,即秋风,旧说以五行言,秋属金。萧瑟,风吹草木的声音。走高官,指赫鲁晓夫奔走访美。

〔喜攀飞翼通身暖〕飞翼,这里比喻飞机。喜攀飞翼,喻指赫鲁晓夫欣然乘专机访美。通身暖,比喻自鸣得意。

〔苦坠空云半截寒〕空云,犹天云,指高空。本句意为,赫鲁晓夫访美乞求和平,会自食苦果,犹如痛苦地从高空坠落,半截身体都感到寒栗。

〔悚(sǒng)听自吹皆圣绩〕悚,悚然,害怕的样子。圣绩,指神圣的业绩。这句是对赫鲁晓夫自我吹嘘的揭露和嘲笑。赫鲁晓夫在访美期间,鼓吹苏联在各方面的辉煌成就,大讲苏联在经济竞赛中很快能战胜美国,宣扬苏联向月球发射的宇宙火箭和原子破冰船对世界和平的决定意义。赫鲁晓夫故意夸大的话,使人听了毛骨悚然。

〔敌焰正阑干〕这里指帝国主义扩充军备和鼓吹冷战的气焰正嚣张。阑干,纵横的意思,引申为放肆、嚣张。

附：鲁迅原诗

七律　亥年残秋偶作

曾惊秋肃临天下,敢遣春温上笔端。
尘海苍茫沉百感,金风萧瑟走千官。
老归大泽菰蒲尽,梦坠空云齿发寒。
竦听荒鸡偏阒寂,起看星斗正阑干。

注释：

〔七律·亥年残秋偶作〕这是鲁迅写下的最后一首诗。辛亥残秋,即1935年深秋,约在10月间。偶作,偶有所感而作。

〔曾惊秋肃临天下〕曾惊,曾经惊心于。秋肃,形容秋天的肃杀、萧条,这里借喻蒋介石对日本侵略军实行不抵抗政策,出卖中国,国家民族将遭受亡国灭种的大灾难。临,降临,来到。天下,这里指全国。

〔敢遣春温上笔端〕敢遣,哪里敢用。春温,春天的温暖,这里借喻编造虚假景象,粉饰黑暗,歌颂升平。上笔端,指形之于笔下。

〔尘海苍茫沉百感〕本句意为,人世间一片迷茫,胸中百感交集的愤慨,只能让它沉没掉。

〔走千官〕走,逃跑。千官,众多的大小官员。这里指蒋介石的国民政府同日本帝国主义刚签订《何梅协定》,出卖华北,华北危在旦夕,日本关东军又无理提出将南京任命的华北官员一概罢免,因此华北的国民党官员纷纷南逃。

〔老归大泽菇蒲尽〕本句意为,年老回归故乡,已无安身之所,只能把水泽边地作为归宿处,但那里就连菇蒲都吃光了。菇和蒲都是生长在浅水中的植物。

〔梦坠空云齿发寒〕空云,指高空。齿发,代指全身。本句意为,仿佛梦见自己从高空中坠落,感到浑身打寒战。

〔竦(sǒng)听荒鸡偏阒(qù)寂〕竦听,指静心细听。荒鸡,夜半啼叫的鸡,参见《五古·挽易昌陶》注。阒寂,寂静无声。本句意为,在国家处于危亡之际,作者夜不能寐,盼望听到半夜鸡叫,以便"闻鸡起舞",报效国家,而四周却偏偏寂静无声。

〔起看星斗正阑干〕起看,指渴盼黎明的行动。星斗,北斗星。阑干,横斜。古乐府《善哉行》:"月没参横,北斗阑干。"星斗正阑干,写天快亮了。本句寓意,作者在悲凉孤寂之中,终于看到了黎明,即看到了国家的希望。就在这一年的 10 月 19 日,中央红军长征胜利到达陕北,同陕北红军会师。鲁迅和茅盾共同给毛泽东和朱德拍去祝贺电报:"在你们身上,寄托着中国和人类的未来。"

七律　读报

一九六〇年六月十三日

托洛茨基返故居,不和不战欲何如?
青空飘落能言鸟,黑海翻腾愤怒鱼。
爱丽舍宫唇发紫,戴维营里面施朱。
新闻岁岁寻常出,独有今年出得殊。

这首诗根据作者审定的铅印件刊印。近年来此诗为不少出版物所载,多有讹误。

注释:

〔托洛茨基返故居〕托洛茨基,见《七律·读报》(托洛茨基到远东)注。本句是说,托洛茨基的阴魂回到了苏联故乡,暗讽赫鲁晓夫同托洛茨基一样推行机会主义路线。

〔不和不战欲何如〕不和不战,见《七律·读报》(托洛茨基到远东)注。欲何如,想要如何,想要怎么样。

〔青空飘落能言鸟〕青空,青色的天空,指高空。能言鸟,即鹦鹉,这里喻指被俘的美国飞行员。本句喻指,1960 年 5 月 1 日,美国一架 U-2

型飞机入侵苏联领空时被击落,飞行员被俘后供认了自己的间谍使命。

〔黑海翻腾愤怒鱼〕黑海,其北岸、东岸属苏联。愤怒鱼,这里比喻愤怒的苏联黑海舰队官兵。

〔爱丽舍宫唇发紫〕本句喻指,1960年5月16日,在法国总统府爱丽舍宫召开的苏、美、英、法四国首脑会议预备会议上,苏联部长会议主席赫鲁晓夫愤怒谴责美国军用飞机对苏联领空的侵犯,要求美国政府对其谴责并宣布今后不再对苏联采取这种行动。美国总统艾森豪威尔拒绝了赫鲁晓夫所提要求,从而葬送了首脑会议。唇发紫,描写因愤怒、生气而使嘴唇发紫。

〔戴维营里面施朱〕本句喻指,1959年9月赫鲁晓夫访美,在总统别墅戴维营同艾森豪威尔会谈,讨好美国。当时苏联曾大肆宣扬"戴维营精神",说苏美两国首脑坐在一起是人类"历史的转折点"。面施朱,涂脂抹粉,比喻献媚讨好。

〔寻常〕平常。

七律　读《封建论》呈郭老

一九七三年八月五日

劝君少骂秦始皇,焚坑事业要商量。
祖龙魂死秦犹在,孔学名高实秕糠。
百代都行秦政法,"十批"不是好文章。
熟读唐人《封建论》,莫从子厚返文王。

这首诗根据作者审定的铅印件刊印。最早发表在中央文献出版社一九九八年一月版《建国以来毛泽东文稿》第十三册。

注释:

〔《封建论》〕唐代文学家、思想家柳宗元的史论文章,阐发了设置郡县、废除分封、加强中央集权、反对藩镇割据的主张。

〔郭老〕指郭沫若,见《七律·和郭沫若同志》注。

〔秦始皇〕战国时期秦国的国君。公元前221年,在先后消灭割据称雄的魏、赵、韩、齐、楚、燕六国的基础上,他废封建而置郡县,建立了中国历史上第一个统一的中央集权的封建国家。见《沁园春·雪》注。

〔焚坑事业要商量〕焚坑事业,即焚坑事件。秦始皇为加强中央集权统治和思想控制,下令焚烧《秦记》以外的列国史记和民间私藏的《诗》《书》等典籍,坑死以古非今的方士和儒生四百六十多名,史称"焚书坑儒"。要商量,指对焚坑事件的评价需要商榷。

〔祖龙魂死秦犹在〕祖龙,指秦始皇。《史记·秦始皇本纪》:"今年祖龙死。"裴骃《集解》:"《苏林》曰:'祖,始也;龙,人君象。谓始皇也。'"魂死,即人死。秦犹在,指秦始皇推行的政治和法律制度还在实行。

〔孔学名高实秕糠〕孔学,即由春秋时期鲁国人孔丘创立的儒学。名高,指名声很高。实,即实际是。秕糠,指秕谷(中空或不饱满的谷粒)和米皮,比喻琐碎无用、无价值的东西。

〔百代都行秦政法〕本句意为,我国许多朝代都实行秦朝的政治和法律制度。

〔"十批"不是好文章〕十批,指郭沫若所著《十批判书》,收入有关中国古代先秦诸子批判的文章共十篇,故名。毛泽东在1973年7月的一次谈话中,曾批评《十批判书》尊孔反法。

〔莫从子厚返文王〕子厚,即柳宗元(773—819),字子厚,河东解(今山西运城市解州镇)人。文王,即周文王,姓姬名昌,商末为西伯,周族领袖,晚年自号为文王。周文王时开始推行较完备的封建制(即分封制)。本句是说不要从柳宗元的反对分封制回到周文王的实行分封制,即反对倒退。

毛泽东诗论

致臧克家等

(一九五七年一月十二日)

克家同志和各位同志：

　　惠书早已收到,迟复为歉！遵嘱将记得起来的旧体诗词,连同你们寄来的八首,一共十八首,抄寄如另纸,请加审处。

　　这些东西,我历来不愿意正式发表,因为是旧体,怕谬种流传,贻误青年；再则诗味不多,没有什么特色。既然你们以为可以刊载,又可为已经传抄的几首改正错字,那末,就照你们的意见办吧。

　　《诗刊》出版,很好,祝它成长发展。诗当然应以新诗为主体,旧诗可以写一些,但是不宜在青年中提倡,因为这种体裁束缚思想,又不易学。这些话仅供你们参考。

　　同志的敬礼！

毛　泽　东
一九五七年一月十二日

致李淑一

（一九五七年五月十一日）

淑一同志：

惠书收到。过于谦让了。我们是一辈的人，不是前辈后辈关系，你所取的态度不适当，要改。已指出"巫峡"，读者已知所指何处，似不必再出现"三峡"字面。大作[1]读毕，感慨系之。开慧所述那一首[2]不好，不要写了吧。有《游仙》一首为赠。这种游仙，作者自己不在内，别于古之游仙诗。但词里有之，如咏七夕之类。我失骄杨君失柳，杨柳轻飏直上重霄九。问讯吴刚何所有，吴刚捧出桂花酒。　寂寞嫦娥舒广袖，万里长空且为忠魂舞。忽报人间曾伏虎，泪飞顿作倾盆雨。

暑假或寒假你如有可能，请到板仓代我看一看开慧的墓。此外，你如去看直荀的墓的时候，请为我代致悼意。你如见到柳午亭[3]先生时，请为我代致问候。午亭先生和你有何困难，请告。

为国珍摄！

毛　泽　东　
一九五七年五月十一日

注释：

[1] 指李淑一作的《菩萨蛮·惊梦》词："兰闺索寞翻身早,夜来触动离愁了。底事太难堪,惊侬晓梦残。　征人何处觅？六载无消息。醒忆别伊时,满衫清泪滋。"

[2] 指《虞美人·枕上》。

[3] 柳直荀之父。

读范仲淹两首词的批语

（一九五七年八月一日）

苏　幕　遮

碧云天,黄叶地,秋色连波,波上寒烟翠。山映斜阳天接水,芳草无情,更在斜阳外。

黯乡魂,追旅思,夜夜除非,好梦留人睡。明月楼高休独倚。酒入愁肠,化作相思泪。

渔　家　傲

塞下秋来风景异,衡阳雁去无留意。四面边声连角起。千嶂里,长烟落日孤城闭。

浊酒一杯家万里,燕然未勒归无计。羌管悠悠霜满地。人不寐,将军白发征夫泪。

词有婉约、豪放两派,各有兴会,应当兼读。读婉约派久了,厌倦了,要改读豪放派。豪放派读久了,又厌倦了,应当改读婉约派。我的兴趣偏于豪放,不废婉约。婉约派中有许多意境苍凉而又优美的词。范仲淹[1]的上两首,介于婉约与豪放两派之间,可算中间派吧;但基本上仍属婉约,既苍凉又优美,使人不厌读。婉约派中的一味儿女情长,豪放派中的一味铜琶铁板,读久了,都令人厌倦的。人的心情是复杂的,有所偏但仍是复杂的。所谓复杂,就是对立统一。人的心情,经常有对立的成分,不是单一的,是可以分析的。词的婉约、豪放两派,在一个人读起来,有时喜欢前者,有时喜欢后者,就是一例。睡不着,哼范词,写了这些。江青看后,给李讷看一看。

一九五七年八月一日

注释:

[1] 范仲淹(989—1052),字希文,吴县(今江苏省苏州市吴中区)人。北宋政治家、文学家。他的词作不多,但为世传诵。

致胡乔木

（一九五八年七月一日）

乔木同志：

睡不着觉，写了两首宣传诗[1]，为灭血吸虫而作。请你同《人民日报》文艺组同志商量一下，看可用否？如有修改，请告诉我。如可以用，请在明天或后天《人民日报》上发表，不使冷气。灭血吸虫是一场恶战。诗中坐地、巡天、红雨、三河之类，可能有些人看不懂，可以不要理他。过一会，或须作点解释。

毛　泽　东
七月一日

注释：

[1] 指《七律二首·送瘟神》。

《七律二首·送瘟神》后记

（一九五八年七月一日）

六月三十日《人民日报》发表文章说：余江县基本消灭了血吸虫，十二省、市灭疫大有希望。我写了两首宣传诗，略等于近来的招贴画，聊为一臂之助。就血吸虫所毁灭我们的生命而言，远强于过去打过我们的任何一个或几个帝国主义。八国联军，抗日战争，就毁人一点来说，都不及血吸虫。除开历史上死掉的人以外，现在尚有一千万人患疫，一万万人受疫的威胁。是可忍，孰不可忍？然而今之华佗们在早几年大多数信心不足，近一二年干劲渐高，因而有了希望。主要是党抓起来了，群众大规模发动起来了。党组织，科学家，人民群众，三者结合起来，瘟神就只好走路了。

致周世钊

（一九五八年十月二十五日）

惇元兄：

　　赐书收到，十月十七日的，读了高兴。受任新职，不要拈轻怕重，而要拈重鄙轻。古人有云：贤者在位，能者在职，二者不可得而兼。我看你这个人是可以兼的。年年月月日日时时感觉自己能力不行，实则是因为一不甚认识自己；二不甚理解客观事物——那些留学生们，大教授们，人事纠纷，复杂心理，看不起你，口中不说，目笑存之，如此等类。这些社会常态，几乎人人要经历的。此外，自己缺乏从政经验，临事而惧，陈力而后就列，这是好的。这些都是实事，可以理解的。我认为聪明、老实二义，足以解决一切困难问题。这点似乎同你谈过。聪谓多问多思，实谓实事求是。持之以恒，行之有素，总是比较能够做好事情的。你的勇气，看来比过去大有增加。士别三日，应当刮目相看了。我又讲了这一大篇，无非加一点油，添一点醋而已。坐地日行八万里，蒋竹如讲得不对，是有数据的。地球直径约一万二千五百公里，以圆周率三点一四一六乘之，得约四万公里，即八万华里。这是地球的自转(即一天时间)里程。坐火车、轮船、汽车,要付代价,叫做旅行。坐地球,不付代价(即不买车票),日行八万华里,问人这是旅行么,答曰不是,我一动也没有动。真是岂有此理!囿于习俗,迷信未除。完全的日常生活,许多人却以为怪。巡天,即谓我们这个太阳系(地球在内)每日每时都在银河系里穿来穿去。银河一河也,河则无限,"一千"言其多而已。我们人类只是"巡"在一条河中,"看"则可以无数。牛郎晋人,血吸虫病,蛊病,俗名鼓胀病,周秦汉累见书传,牛郎自然关心他的乡人,要问瘟神情况如何了。大熊星座,俗名牛郎星(是否记错了?),属银河系。[1]这些解释,请向竹如道之。有不同意见,可以辩论。十一月我不一定在京,不见也可吧!

毛 泽 东

一九五八年十月二十五日

注释:

　[1] 牛郎星不属大熊星座,它是天鹰星座中的α星。大熊星座中的星和牛郎星都属银河系。

在《毛主席诗词十九首》上的批注[*]

（一九五八年十二月二十一日）

一

我的几首歪词，发表以后，注家蜂起，全是好心。一部分说对了，一部分说得不对，我有说明的责任。一九五八年十二月，在广州，见文物出版社一九五八年九月刊本，天头甚宽，因而写了下面的一些字，谢注家，兼谢读者。鲁迅[1]一九二七年在广州，修改他的《古小说钩沉》，然后说道：于时云海沉沉，星月澄碧，饕蚊遥叹，予在广州。[2]从那时到今天，三十一年了，大陆上的饕蚊灭得差不多了，当然，革命尚未全成，同志仍须努力。港台一带，饕蚊尚多，西方世界，饕蚊成阵。安得起全世界各民族千百万愚公，用他们自己的移山办法，把蚊阵一扫而空，岂不伟哉！试仿陆放翁[3]曰：人类今娴上太空，但悲不见五洲同。愚公尽扫饕蚊

---

[*] 这是毛泽东在文物出版社1958年9月刻印的大字本《毛主席诗词十九首》的书眉上写的批注。其中二至十三，本书已分别采录到有关诗词的注释中，标为"作者自注"。

日,公祭无忘告马翁。

毛 泽 东

一九五八年十二月二十一日上午十时

二

击水:游泳。那时初学,盛夏水涨,几死者数。一群人终于坚持,直到隆冬,犹在江中。当时有一篇诗,都忘记了,只记得两句:自信人生二百年,会当水击三千里。[4]

三

心潮:一九二七年,大革命失败的前夕,心情苍凉,一时不知如何是好,这是那年的春季。夏季,八月七号,党的紧急会议,决定武装反抗,从此找到了出路。[5]

四

踏遍青山人未老:一九三四年,形势危急,准备长征,心情又是郁闷的。这一首《清平乐》,如前面那首《菩萨蛮》一样,表露了同一的心境。[6]

五

万里长征,千回百折,顺利少于困难不知有多少倍,心情是沉郁的。过了岷山,豁然开朗,转化到了反面,柳暗花明又一村了。以下诸篇,反映了这一种心情。[7]

六

水拍:改浪拍。这是一位不相识的朋友建议如此改的。他说不要一篇内有两个浪字,是可以的。

三军:红军一方面军,二方面军,四方面军。不是海、陆、空三军,也不是古代晋国所作上军、中军、下军的三军。[8]

七

苍龙:蒋介石,不是日本人。因为当前全副精神要对付的是蒋不是日。[9]

八

昆仑:主题思想是反对帝国主义,不是别的。改一句:一截留中国,改为一截还东国。忘记了日本人是不对的。这样,英、美、日都涉及了。别的解释,不合实际。[10]

九

雪:反封建主义,批判二千年封建主义的一个反动侧面。文采、风骚、大雕,只能如是,须知这是写诗啊!难道可以谩骂这一些人们吗？别的解释是错的。末三句,是指无产阶级。[11]

十

三十一年:一九一九年离开北京,一九四九年还到北京。旧国之国:都城。不是State,也不是Country。[12]

十一

乐奏:这里误植为奏乐,应改。[13]

十二

长沙水:民谣:常德德山山有德,长沙沙水水无沙。所谓无沙水,地在长沙城东,有一个有名的"白沙井"。武昌鱼:三国孙权一度从京口(镇江)迁都武昌,官僚、绅士、地主及其他富裕阶层不悦,反对迁都,造作口号云:宁饭扬州水,不食武昌鱼。那时的扬州人心情如此。现在变了,武昌鱼是颇有味道的。[14]

十三

上下两韵,不可改,只得仍之。[15]

注释：

　　[1] 鲁迅，见《七绝二首·纪念鲁迅八十寿辰》注。

　　[2] 毛泽东引用鲁迅的这句话，是凭记忆写的。鲁迅1927年在广州编校《唐宋传奇集》，作《序例》，文末题记说："时大夜弥天，璧月澄照，饕蚊遥叹，余在广州。"《唐宋传奇集》上册于1927年12月由北新书局出版，下册于1928年2月出版。

　　[3] 指仿陆游《七绝·示儿》诗："死去元知万事空，但悲不见九州同。王师北定中原日，家祭无忘告乃翁。"陆游，见《卜算子·咏梅》注。

　　[4] 这是对《沁园春·长沙》的批注。

　　[5] 这是对《菩萨蛮·黄鹤楼》的批注。

　　[6] 这是对《清平乐·会昌》的批注。《菩萨蛮》，指《菩萨蛮·大柏地》。

　　[7] 这是对《忆秦娥·娄山关》的批注。"以下诸篇"，指《十六字令三首》（此篇在《毛主席诗词十九首》中排在《忆秦娥·娄山关》之后）、《七律·长征》、《念奴娇·昆仑》、《清平乐·六盘山》。

　　[8] 这是对《七律·长征》的批注。

　　[9] 这是对《清平乐·六盘山》的批注。

　　[10] 这是对《念奴娇·昆仑》的批注。

　　[11] 这是对《沁园春·雪》的批注。

　　[12] 这是对《七律·和柳亚子先生》的批注。

　　[13] 这是对《浣溪沙·和柳亚子先生》的批注。

　　[14] 这是对《水调歌头·游泳》的批注。这条批注有误记，据《三国志·吴书》记载，吴主孙皓一度从建业迁都武昌，反对迁都者造的童谣是："宁饮建业水，不食武昌鱼。"

　　[15] 这是对《蝶恋花·答李淑一》的批注。"上下两韵"，指本词的韵脚字"柳、九、有、酒、袖"与"舞、虎、雨"不同韵。

致胡乔木

（一九五九年九月七日）

乔木同志：

诗两首[1]，请你送给郭沫若同志一阅，看有什么毛病没有？加以笔削，是为至要。主题虽好，诗意无多，只有几句较好一些的，例如"云横九派浮黄鹤"之类。诗难，不易写，经历者如鱼饮水，冷暖自知，不足为外人道也。

毛　泽　东
九月七日

注释：

[1] 指毛泽东 1959 年 6 月写的《七律·到韶山》和同年 7 月写的《七律·登庐山》。

致胡乔木

(一九五九年九月十三日)

乔木同志：

沫若同志两信都读，给了我启发。两诗[1]又改了一点字句，请再送陈[2]沫若一观，请他再予审改，以其意见告我为盼！

毛　泽　东
九月十三日早上

"霸土"指蒋介石。这一联写那个时期的阶级斗争。通首写三十二年的历史。

注释：

[1] 指毛泽东1959年6月写的《七律·到韶山》和同年7月写的《七律·登庐山》。

[2] 送陈，即送予、送给。陈，唐颜师古注引东汉应劭曰："陈，施也。"《广雅·释诂三》："施，予也。"

《词六首》[1]引言

（一九六二年四月）

这六首词，年深日久，通忘记了。《人民文学》编辑部搜集起来，要求发表，因以付之。[2]回忆了一下，这些词是在一九二九至一九三一年在马背上哼成的。文采不佳，却反映了那个时期革命人民群众和革命战士们的心情舒快状态，作为史料，是可以的。

注释：

[1]《词六首》，指《清平乐·蒋桂战争》《采桑子·重阳》《减字木兰花·广昌路上》《蝶恋花·从汀州向长沙》《渔家傲·反第一次大"围剿"》《渔家傲·反第二次大"围剿"》。引言是作者原为这六首词在《人民文学》1962年5月号上发表而写的，后未发，改刊一则较短的，全文为："这六首词，是一九二九年——一九三一年在马背上哼成的，通忘记了。《人民文学》编辑部的同志们搜集起来寄给了我，要求发表。略加修改，因以付之。"

[2] 1962年1月15日，《人民文学》编辑部给毛泽东的信中说："最近

我们辗转搜寻,找到了您的几首诗词。正因为是辗转搜寻到的,所以不知是否有讹误,也不知您是否愿意将其发表,或者是不是还需要修改,因此抄寄一份给您,请您指示,并请注上题目和写作年月。"

《忆秦娥·娄山关》的写作背景[*]

(一九六二年五月)

我对于《娄山关》这首词作过一番研究,初以为是写一天的事。后来又觉得不对,是在写两次的事,头一阕一次,第二阕一次。我曾在广州文艺座谈会[1]上发表了意见,主张后者(写两次的事),而否定前者(写一天),可是我错了。这是作者告诉我的。一九三五年一月党的遵义会议以后,红军第一次打娄山关,胜利了,企图经过川南,渡江北上,进入川西,直取成都,击灭刘湘[2],在川西建立根据地。但是事与愿违,遇到了川军的重重阻力。红军由娄山关一直向西,经过古蔺、古宋诸县打到了川滇黔三省交界的一个地方,叫做"鸡鸣三省",突然遇到了云南军队的强大阻力,无法前进。中央政治局开了一个会,立即决定循原路反攻遵

---

[*] 1962年,《人民文学》准备在5月号发表毛泽东的《词六首》,郭沫若应约于5月1日撰写了《喜读毛主席〈词六首〉》一文。5月9日,郭沫若将该文清样送毛泽东审改。毛泽东阅后将这篇文章中关于《忆秦娥·娄山关》写作背景的一段话全部删去,以郭沫若的口吻重新写了本篇的文字。由于时间紧迫,毛泽东的这段改文未能交给郭沫若和《人民文学》,所以当时《人民文学》发表的仍是郭沫若的原稿。毛泽东这段改文,直到1991年12月26日才首次在《人民日报》上发表。

义,出敌不意,打回马枪,这是当年二月。在接近娄山关几十华里的地点,清晨出发,还有月亮,午后二三时到达娄山关,一战攻克,消灭敌军一个师,这时已近黄昏了。乘胜直追,夜战遵义,又消灭敌军一个师。此役共消灭敌军两个师,重占遵义。词是后来追写的,那天走了一百多华里,指挥作战,哪有时间和精力去哼词呢?南方有好多个省,冬天无雪,或多年无雪,而只下霜,长空有雁,晓月不甚寒,正像北方的深秋,云贵川诸省,就是这样。"苍山如海,残阳如血"两句,据作者说,是在战争中积累了多年的景物观察,一到娄山关这种战争胜利和自然景物的突然遇合,就造成了作者自以为颇为成功的这两句话。由此看来,我在广州座谈会上所说的一段话,竟是错了。解诗之难,由此可见。

注释:

[1] 指1962年3月7日由中国作家协会广东分会和《羊城晚报》副刊部在广州举办的文艺座谈会。

[2] 刘湘,1933年任国民党军四川"剿匪"总司令部总司令,1934年并任国民党四川省政府主席。

对《毛主席诗词》中若干词句的解释*

（一九六四年一月二十七日）

一、"怅寥廓,问苍茫大地,谁主沉浮?"

这句是指:在北伐以前,军阀统治,中国的命运究竟由哪一个阶级做主?

二、"到中流击水"。

"击水"指在湘江中游泳。当时我写的诗有两句还记得:"自信人生二百年,会当水击三千里。"那时有个因是子(蒋维乔),提倡一种静坐法。

三、"山下旌旗在望,山头鼓角相闻。"

"旌旗"和"鼓角"都是指我军。黄洋界很陡,阵地在山腰,指挥在山头,敌人仰攻。山下并没有都被敌人占领,没有严重到这个程度。"旌旗在望",其实没有飘扬的旗子,都是卷起的。

四、"一枕黄粱再现"。

---

* 1963年《毛主席诗词》出版后,外文出版发行事业局立即组织翻译出版英译本。1964年1月27日,毛泽东应英译者的请求,就自己诗词中的一些词句,一一做了口头解释。这是根据英译者当时对毛泽东答复所作记录的要点整理的。

指军阀的黄粱梦。

五、"国际悲歌歌一曲"。

"悲"是悲壮之意。

六、"枯木朽株齐努力。枪林逼,飞将军自重霄入。"

"枯木朽株",不是指敌方,是指自己这边,草木也可帮我们忙。"枪林逼"也是指自己这边。"枪林逼,飞将军自重霄入"是倒装笔法,就是:"飞将军自重霄入,枪林逼。"

七、"莫道君行早"。

"君行早"的"君",指我自己,不是复数,要照单数译。会昌有高山,天不亮我就去爬山。

八、"离天三尺三"。

这是湖南常德的民谣。

九、"西风烈,长空雁叫霜晨月。……雄关漫道真如铁,而今迈步从头越。"

这首词上下两阕不是分写两次攻打娄山关,而是写一次。这里北有大巴山,长江、乌江之间也有山脉挡风,所以一二月也不太冷。"雁叫"、"霜晨",是写当时景象。云贵地区就是这样,昆明更是四季如春。遵义会议后,红军北上,准备过长江,但是遇到强大阻力。为了甩开敌军,出敌不意,杀回马枪,红军又回头走,决心回遵义,结果第二次打下了娄山关,重占遵义。过娄山关时,太阳还没有落山。

十、"五岭逶迤腾细浪,乌蒙磅礴走泥丸。"

把山比作"细浪"、"泥丸",是"等闲"之意。

十一、"天若有情天亦老"。

这是借用李贺的句子。与人间比,天是不老的。其实天也有发生、发展、衰亡。天是自然界,包括有机界,如细菌、动物。自然界、人类社会,一样有发生和灭亡的过程。社会上的阶级,有兴起,有灭亡。

十二、"一片汪洋都不见,知向谁边?"

是指渔船不见。

十三、"泪飞顿作倾盆雨"。

是指高兴得掉泪。

十四、"坐地日行八万里,巡天遥看一千河。"

人坐在地球这颗行星上,不要买票,在宇宙里旅行。地球自转的里数,就是人旅行的里数。地球直径为一万二千七百多公里,乘以圆周率,即赤道长,约四万公里,再折合成华里,约八万里。人在二十四小时内走了八万里。

十五、"牛郎欲问瘟神事"。

牛郎织女是晋朝人的传说。

十六、"红雨随心翻作浪,青山着意化为桥。"

"红雨"指桃花。写这句是为下句创造条件。"青山着意化为桥",指青山穿洞成为桥。这两句诗有水有桥。

十七、"别梦依稀咒逝川,故园三十二年前。……黑手高悬霸主鞭。"

"咒逝川"、"三十二年前",指大革命失败,反动派镇压了革命。这里的"霸主",就是指蒋介石。

十八、"冷眼向洋看世界"。

"冷眼向洋"就是"横眉冷对"。

十九、"云横九派浮黄鹤"。

"黄鹤"不是指黄鹤楼。"九派"指这一带的河流,是长江的支流。明朝李攀龙有一首送朋友的诗《怀明卿》:"豫章西望彩云间,九派长江九叠山。高卧不须窥石镜,秋风憔悴侍臣颜。"李攀龙是"后七子"之一。明朝也有好诗,但《明诗综》不好,《明诗别裁》好。

二十、"浪下三吴起白烟"。

"白烟"为水。

二十一、"陶令不知何处去,桃花源里可耕田?"

陶渊明设想了一个名为桃花源的理想世界,没有租税,没有压迫。

二十二、《七律·答友人》的"友人"指谁?

"友人"指周世钊。

二十三、"九嶷山上白云飞"。

"九嶷山",即苍梧山,在湖南省南部。

二十四、"红霞万朵百重衣"。

"红霞",指帝子衣服。

二十五、"洞庭波涌连天雪"。

"洞庭波",取自《楚辞》中的《九歌·湘夫人》:"洞庭波兮木叶下"。

二十六、"长岛人歌动地诗"。

"长岛"即水陆洲,也叫橘子洲,长沙因此得名,就像汉口因在汉水之口而得名一样。

二十七、"芙蓉国里尽朝晖"。

"芙蓉国",指湖南,见谭用之诗"秋风万里芙蓉国"。

"芙蓉"是指木芙蓉,不是水芙蓉,水芙蓉是荷花。谭诗可查《全唐诗》。

二十八、"暮色苍茫看劲松,乱云飞渡仍从容。"

是云从容,不是松从容。

二十九、"僧是愚氓犹可训,妖为鬼蜮必成灾。"

郭沫若原诗针对唐僧。应针对白骨精。唐僧是不觉悟的人,被欺骗了。我的和诗是驳郭老的。

三十、"蚂蚁缘槐夸大国"。

"大槐安国"是汤显祖《南柯记》里的故事。

三十一、"正西风落叶下长安,飞鸣镝。"

"飞鸣镝"指我们的进攻。"正西风落叶下长安",虫子怕秋冬。形势变得很快,那时是"百丈冰",而现在正是"四海翻腾云水怒,五洲震荡风雷激"了。从去年起,我们进攻,九月开始写文章,一评苏共中央的公开信。

三十二、"天地转,光阴迫。一万年太久,只争朝夕。"

你要慢,我就要快,反其道而行之。你想活一万年?没有那么长。我要马上见高低,争个明白,不容许搪塞。但其实时间在我们这边,"只争朝夕",我们也没有那么急。

致 陈 毅

(一九六五年七月二十一日)

陈毅同志:

　　你叫我改诗,我不能改。因我对五言律,从来没有学习过,也没有发表过一首五言律。你的大作,大气磅礴。只是在字面上(形式上)感觉于律诗稍有未合。因律诗要讲平仄,不讲平仄,即非律诗。我看你于此道,同我一样,还未入门。我偶尔写过几首七律,没有一首是我自己满意的。如同你会写自由诗一样,我则对于长短句的词学稍懂一点。剑英善七律,董老善五律,你要学律诗,可向他们请教。

西　行

　　万里西行急,乘风御太空。不因鹏翼展,哪得鸟途通。
　　海酿千钟酒,山裁万仞葱。风雷驱大地,是处有亲朋。

　　只给你改了一首,还很不满意,其余不能改了。

又诗要用形象思维,不能如散文那样直说,所以比、兴两法是不能不用的。赋也可以用,如杜甫之《北征》,可谓"敷陈其事而直言之也",然其中亦有比、兴。"比者,以彼物比此物也","兴者,先言他物以引起所咏之词也"。韩愈以文为诗;有些人说他完全不知诗,则未免太过,如《山石》,《衡岳》,《八月十五酬张功曹》之类,还是可以的。据此可以知为诗之不易。宋人多数不懂诗是要用形象思维的,一反唐人规律,所以味同嚼蜡。以上随便谈来,都是一些古典。要作今诗,则要用形象思维方法,反映阶级斗争与生产斗争,古典绝不能要。但用白话写诗,几十年来,迄无成功。民歌中倒是有一些好的。将来趋势,很可能从民歌中吸引养料和形式,发展成为一套吸引广大读者的新体诗歌。又李白只有很少几首律诗,李贺除有很少几首五言律外,七言律他一首也不写。李贺诗很值得一读,不知你有兴趣否?

祝好!

毛　泽　东

一九六五年七月二十一日

知识链接

【文学常识】

一、诗人介绍

毛泽东(1893—1976),字咏芝,后改为润之,湖南湘潭人。他不仅是伟大的马克思主义者,无产阶级革命家、政治家、理论家、军事家,而且是伟大的作家、诗人,是20世纪中国大地上崛起的一代历史伟人。他一生辉煌的成就是多方面的,就文艺领域而言,诗词和书法可代表他的最高水平。他创作的旧体诗词,是中华文化的瑰宝,是表现中国新民主主义革命、社会主义革命和建设的雄伟史诗,把中国古典诗词创作提升到一个新的时代高峰。他的主要著作集有《毛泽东选集》《毛泽东文集》《建国以来毛泽东文稿》《毛泽东军事文集》《毛泽东外交文选》《毛泽东诗词集》等。

二、诗人与作品评价

毛泽东在1945年重庆谈判期间,将作于1936年2月的《沁园春·雪》词书赠柳亚子。柳亚子看到这首词后,欣喜若狂,直呼"大作",立即填一首《沁园春》和词,赞颂诗人毛泽东及其咏雪之作,其中写道:"才华信美多娇。看千古词人共折腰。算黄州太守,犹输气概;稼轩居士,只解牢骚。更笑胡儿,纳兰容若,艳想秾情着意雕。"在柳亚子看来,千年以来的词人都为毛泽东倾倒,宋代大词人苏东坡、辛弃疾也没法相比,清代著名词人纳兰性德更是望尘莫及。(柳亚子及其词见《柳亚子诗词选》,人民文学出版社 1959 年版)

最显明的例证是我们的伟大领袖毛泽东同志了。他把马克思列宁主义在中国的革命实践中发展了,他是最伟大的一位现实主义者。但我也敢于说,毛泽东同志同时又是最伟大的一位浪漫主义者。他是伟大的革命家,同时又是伟大的作家、诗人。他的理论文章具有着极大的吸引力,和马克思、列宁的著作一样,其中包含着很多文学的成分。但是,毛泽东同志并不仅仅写作理论性的文章,他近年来正式发表了十九首诗词,更使中国的文学宝库增加了无比的财富。我自己是特别喜欢诗词的人,而且是有点目空一切的,但是毛泽东同志所发表了的诗词却使我五体投地。当然,也有些所谓专家,斤斤于平仄韵脚的吹求的,那真可以说是"明足以察秋毫之末而不见舆薪"。毛泽东同志的十九首诗词是革命的现实主义和革命的浪漫主义的典型的结合,这在目前是已经有了定评了。我现在且就《蝶恋花》一词来说明我的体会吧。……这里有革命烈士(杨开慧和柳直荀)的忠魂,有神话传说的人物,有月里的广寒宫和月桂,月桂还酿成了酒,欢乐的眼泪竟可以化作倾盆大雨,时而天上,时而人间,人间天上打成了一片。不用说这里丝毫也没有旧式词人的那种靡靡之音,而使苏东坡、辛弃疾的豪气也望尘却步。这里使用着浪漫主义的极夸大的手法把现实主义的主题衬托得非常自然生动、深刻动人。这真可以说是古今的绝唱。我们如果要在文艺创作上追求怎样才能使革命的现实主义和革命的浪漫主义结合,毛泽东同志的诗词就是我们绝好的典范。

——郭沫若:《浪漫主义和现实主义》,《红旗》1958年第3期

毛泽东同志是伟大的马克思主义者,无产阶级革命家,党和各族人民的领袖。他的诗词也写得极为出色,赢得了全国人民的热爱与赞美。革命家和诗人,在毛泽东同志身上是统一的。在半个多世纪的时间里,他肩负着党和人民委托的重任,为革命事业鞠躬尽瘁。可是,他始终没有丢下诗。可以这么说,他写诗,关怀诗,与革命实践同始终,也是和他的内心活动密切联系着的。全国解放以后,外国人常说:一个诗人赢得了一个新中国。这话是有一定道理的。他有着坚定的马列主义信仰,有着坚韧不拔的革命斗志。同时,他心中充满着诗的感情,他有一颗炽热的诗心。

青年时代,他追求进步,寻找革命真理,努力学习,博览群书,对于诗词产生了浓厚的兴趣,一九二五年就写出了《沁园春·长沙》这样非凡的词章来。可能在这之前他就和诗词结缘了,否则,像《长沙》这样成熟的作品,不会是一蹴而就的。一九二五年之后,随着岁月的流迁,随着革命形势的变化,他不顾戎马倥偬,环境险恶,昼夜运用心机,与敌周旋,就在这样的情况之

下,他还牢牢地抓住诗!他,以诗抒豪情,表壮志。征途无纸笔,就"于马背上哼成"。诗,不只是他的兴趣所在,而且是他真实的心声的表露。没有随着战火化为灰烬,而今幸存的他的诗词集里的一些作品,以革命家的壮怀、诗人的热情,在我们眼前展开了一幅革命历史的大画卷。读了之后,令人振奋,令人鼓舞!这些作品的思想性与艺术性是高度统一的,形式是多种多样的,语言是新鲜活泼的。它是高尚的艺术品,不但从内容上使我们受到深刻的教育,在艺术方面,也可以使我们得到美的享受。

——臧克家①:《毛泽东同志与诗》,《臧克家文集》第6卷,山东文艺出版社1994年版

  毛泽东诗词是毛泽东思想的重要组成部分和艺术结晶。毛泽东博大精深的思想,包括精辟的革命理论、崇高的社会理想、深邃的人生哲理等等,都在他创作的诗词中得到了生动的艺术表现。阅读和研究毛泽东诗词,可以使我们受到潜移默化的革命的诗教,即受到毛泽东思想的教育和启迪。

  毛泽东诗词是中国革命和建设的伟大史诗。它谱写了中国革命和建设的历史进程,勾画了各个历史时期的重大历史事件,咏唱了英雄时代的英雄业绩,跳动着时代的脉搏,闪耀着历史的光辉,是我国人民推翻旧中国的战歌、建设新中国的颂歌。阅读和研究毛泽东诗词,可以丰富我们的历史知识,唤起我们的民族自豪感,激发我们的爱国热情。

  毛泽东诗词蕴含巨大的精神力量。它展现了崇高的革命精

---

① 臧克家(1905—2004),山东诸城人。著名诗人、编辑家、毛泽东诗词研究专家。曾任《诗刊》主编、中国毛泽东诗词研究会名誉会长等职。

神、豪迈的民族气魄、优美的人格魅力,显示出崇高美的艺术境地。阅读和研究毛泽东诗词,可以使我们提升精神境界,磨砺斗争意志,陶冶革命情操,提高心理素质,从而给我们以奋发向上的精神力量。

毛泽东诗词具有丰富的美学内涵。它寄寓了毛泽东的美学理想,体现了毛泽东的美学个性。它营造的美的园地是绚烂多彩的,它的美学特征是多种多样的,如史诗美、情操美、形象美、意境美、哲理美、悲壮美、嘲讽美、色调美、声韵美等。阅读和研究毛泽东诗词,可以欣赏它的雄奇瑰丽的艺术风格,给我们以高尚的审美享受,培育我们健康的诗美情趣。

毛泽东诗词为当代诗词的革新提供了范例。它是我国当代诗歌的精品,是中华诗词的瑰宝,为旧体诗词在当代诗坛赢得了一席地位,并对新诗的创作产生了不可磨灭的影响。阅读和研究毛泽东诗词,可以继续激励旧体诗词的创作,而且将给新格律诗的创造和新诗的创新注入新的生命力,从而使我国诗坛出现以新诗为主体、新旧体诗歌各放异彩的局面。

——贺敬之[①]:《社会主义精神文明建设——毛泽东诗词研究的重要课题》,《毛泽东诗词研究丛刊》第 1 辑,中央文献出版社 2000 年版

……毛泽东的诗词完全可视为一部具有高度政治军事性质的自传,但这个自传,与其说是个人的,毋宁说是革命群体的。1936 年斯诺在陕北采访毛泽东请他谈个人经历时,便获得这样

[①] 贺敬之(1924—),山东峄县(今属枣庄)人。著名诗人、剧作家。曾任中共中央宣传部副部长、文化部代部长、中国毛泽东诗词研究会会长等职。

的感受:毛泽东的叙述,已经开始脱离"个人历史"的范畴,有点不着痕迹地升华为一个伟大运动的事业了。虽然他在这个运动中处于支配地位,但是你看不清他作为个人的存在。所叙述的不再是"我",而是"我们";不再是毛泽东,而是红军了;不再是个人经历的主观印象,而是关心人类集体命运的盛衰的客观史料了。

这段话用来评价毛泽东一生的诗词,同样适用。他的每一首诗都同他参与其中的现代中国的一些引人注目的重大事件有直接或间接的联系,这是他创作的基本动因和描绘的基本题材。诸如大革命的局势,红军的每一次战役,长征的挫折和胜利,解放军攻克南京,建国后某一运动的展开,以及建设一座大桥或消灭某一地区的瘟疫等等。对于这些事件,在回忆录里可能要用整章的篇幅来记叙,而毛泽东的个人反映则只需写成一首诗。他把个人的感情和诗人气质完全投入人民的事业当中。……

于是,我们不难理解毛泽东的作品为什么总是体现出那种壮烈的情怀、豪放的气势、坚韧的意志。他在群体事业中失去了有局限的"自我",但获得了无限的"大我"。

——陈晋[1]:《毛泽东的文化性格》,中央民族大学出版社2004年版

在格律方面,毛主席的诗词一般是很谨严的,但他绝不为格律所束缚。一方面,在谨严的格律之中,他的遣辞命意,是那样飞动活跃,没有一点拘束;另一方面,在必要的时候,他并不拘泥于格律,而且有意突破格律。如十六字令三首,第二首和第三首

---

[1] 陈晋(1958—),四川简阳人。中共党史与毛泽东研究专家,中国毛泽东诗词研究会会长。曾任中共中央文献研究室副主任等职。

的末句都是"仄仄仄平平",这是合乎原来的格律的;但是第一首末句引用一句民谣"离天三尺三",其势不得不突破格律,他便决定不作拘泥格律的腐儒了。因此,可不可以说:用典而不为典所用,谨于格律而不为格律所拘,也是学习毛主席诗词者所应当注意到的一点。

——赵朴初[①]:《学习毛主席诗词——略释毛主席诗词十首并试论毛主席诗词艺术》,《新闻业务》1964年第3期

三、关于旧体诗词

我国的旧体诗词,亦称古代诗词、古典诗词或传统诗词。诗和词,是我国古代诗歌的两大种类。

诗从格律上看,可分为古体诗和近体诗。古体诗又称古诗或古风,近体诗又称今体诗。古体诗是依照(近体诗形成以前的)古代的诗体来写的,不受近体诗的格律的束缚,是一种自由诗。近体诗从唐初开始形成,这种诗体在字数、平仄、押韵、对仗方面都有格律规定,是一种格律诗。古体诗按"言"分,即按字数分,可分为三言诗、四言诗、五言古诗(简称"五古")、六言诗、七言古诗(简称"七古")、杂言诗等。三言诗和六言诗是很少见的。古体诗中有一类"古绝",每首四句,可分为五言绝句(简称"五绝")、七言绝句(简称"七绝")。古绝可以用仄韵(与之相对的"律绝"则一般用平声韵),即使用了平声韵,也不受近体诗

[①] 赵朴初(1907—2000),安徽太湖人。著名书法家、社会活动家、诗人,杰出的爱国宗教领袖。曾任中国佛教协会会长、中国书法家协会副主席、全国政协副主席等职。

平仄规则的束缚。近体诗主要包括律诗和绝句(即律绝)。律诗,每首八句,可分为五言律诗(简称"五律")、七言律诗(简称"七律")。还有超过八句的律诗,称为长律或排律;也有仅为六句的律诗,称为三韵小律。绝句,每首四句,可分为五言绝句(简称"五绝")、七言绝句(简称"七绝")。

词最初称为"曲词"或"曲子词",是配音乐的。后来词逐渐同音乐分离了,成为诗的别体。词因各句长短参差不齐,故称"长短句",但全篇的字数、每句的平仄以及每篇的押韵,都有一定之规。词牌,原来是词调的名称。因为词最初是配乐的,每首词都有相配合的曲调,称为词调。后来词同音乐分离,词牌就成了词的格式的名称。词的格式称为词谱。写词,要依词谱填写,所以叫填词。只有一部分词,词牌就是词题。大部分词的内容,同词牌没有任何意义上的联系,因此在词牌下还要写上词题。词牌的数目很多,达两千多个,常见的也有上百个。

毛泽东诗词,属于旧体诗词。《毛泽东诗词详注》一书,收入毛泽东诗词七十八首,具体为:(一)收入古体诗八首,其中四言诗二首,五古一首,六言诗一首,七古一首,七绝(古绝)二首,杂言诗一首。(二)收入近体诗三十五首,其中五律四首,七律二十二首,七绝(律绝)九首。(三)收入词三十五首,采用词牌二十个。

【专题探究】

一、关于毛泽东建国后的诗词创作

新中国成立后,中国革命和建设的新的事业、新的实践,给了毛泽东新的视野、新的灵感,使他的诗词创作进入到一个新的发展时期。根据目前掌握的材料,从 1950 年 10 月写的《浣溪沙·和柳亚子先生》,到 1973 年 8 月写的《七律·读〈封建论〉呈郭老》,毛泽东在新中国成立后,一共写了四十来首诗词。……在新中国成立六十周年前夕,我们聚在一起探讨毛泽东建国后创作的这些作品,是一件非常有意义的事情。下面,我就研究毛泽东建国后诗词的问题,谈几点看法,供同志们参考。

我的看法,简单地说,是希望做到四个方面的"结合"。

第一,研究毛泽东建国后的诗词创作,要和我国在社会主义革命、建设中发生的历史巨变,和探索社会主义建设道路的艰辛过程结合起来。

新中国成立后,中国共产党领导的伟大事业,有了新的主题,这就是社会主义革命和建设。我们经常说,毛泽东诗词的突出特点,是它的史诗品格。这部史诗在建国后呈现出来的新篇章,及时地反映了社会主义革命和建设这一历史主题,描述和讴歌了新中国成立后取得的前所未有的进步,和我们社会发生的翻天覆地的变化。

具体说来,在毛泽东建国后的作品中,两首《浣溪沙·和柳亚子先生》,集中反映了建国初期国家的统一、民族的团结这样的开国气象,以及抗美援朝初战告捷这样的重大历史事件;《浪淘沙·北戴河》揭示了大规模社会主义建设即将到来的历史主题;《七律·和周世钊同志》展现了诗人在农业合作化运动取得进展后的愉快心情;《水调歌头·游泳》更是描述了社会主义建设高潮到来时的蓬勃景象;《七律二首·送瘟神》、《七律·到韶山》则直接讴歌人民群众在具体的建设事业当中创造的奇迹,和体现出来的意气风发的精神气概。这些作品,主题鲜明,反映了社会主义革命和建设的伟大进程,揭示了一些重大历史事件的深远意义,既传达出作者的现实主义情怀,又对未来寄予了美好的愿望。值得注意的是,毛泽东在反映这些历史性变化的时候,特别喜欢采用古今对比、新旧对比、甚至天上和人间对比的方式。例如,"多年矛盾廓无边,而今一扫纪新元";"萧瑟秋风今又是,换了人间";"神女应无恙,当惊世界殊";"牛郎欲问瘟神事","纸船明烛照天烧";"忽报人间曾伏虎,泪飞顿作倾盆雨";等等。新中国各项事业感天动地的变化和进步,不只是毛泽东在诗词中描写的境界,也是我们这些过来人亲身感受到的现实,这是我们研究毛泽东建国后诗词应该遵循的历史逻辑。

在中国这样一个经济文化落后的国家,怎样建设社会主义,是一道没有现成答案的历史课题,需要共产党人不断探索和实践。以毛泽东同志为核心的党的第一代中央领导集体,在最后二十年间集中精力做的一件大事,就是探索中国社会主义建设道路。在这个过程中,有辉煌的起点和成功的经验,也有重大的挫折和错误的教训。毛泽东的诗词,便从一个角度反映了他思考和探索的心理轨迹。比如《七律·登庐山》《七律·答友人》《七律·冬云》《满江红·和郭沫若同志》《水调歌头·重上井冈山》以及《七律·有所思》等等,都可以和社会主义建设过程中遇到的重大问题联系起来研究,和毛泽东当时对这些重大问题的思考联系起来研究,和党领导人民为解决这些重大问题所做的艰辛探索联系起来研究。这样的研究,可以帮助我们更好地理解毛泽东诗词的深刻内涵和史诗价值,也有助于理解新中国在探索中国社会主义建设道路中波澜壮阔、充满曲折的过程。

第二,研究毛泽东建国后的诗词创作,要和我国社会主义建

设时期所处的不断变化的国际背景结合起来。

中国的社会主义建设实践不是孤立的,自然会受到国际、国内各种因素的制约和影响。比如中苏关系从友好到恶化,就是我们党在上个世纪五六十年代必须面对的一个重大问题;国际社会主义运动的发展道路和命运,也是我们必须关注和思考的;在东西方冷战格局中,以美国为首的西方资本主义对新中国的封锁、压制和攻击,更是我们不能回避的。这些,都在相当程度上影响着中国社会主义的探索实践,也影响着毛泽东的思考。毛泽东的思考,不光体现在他的一些现实决策和理论著述中,也艺术化地体现在他上个世纪50年代末以后的诗词创作中。例如《七律·和郭沫若同志》《卜算子·咏梅》《七律·冬云》《念奴娇·鸟儿问答》以及几首广为流传的"读报诗"等。这些作品,有的主要是描写国际情势,有的兼及对国内问题的思考;有的有比较明显的论辩色彩,多数则主要是塑造一种人格精神。总体上看,主体形象都很鲜明,基本思路是:面对"悬崖百丈""暮色苍茫""妖雾重重"的恶劣环境,怒开的梅花依然灿烂,飞渡的乱云依然从容;虽然"高天滚滚寒流急",却"独有英雄驱虎豹"。这些诗意,传达出共产党人应有的品格,展现了毛泽东和中国人民坚持原则、敢于斗争的大无畏精神和不屈服于外来压力的冲天豪气。

当然,今天看来,国际斗争可以有多种方式,有的论辩内容已经时过境迁。但毛泽东这些诗词中体现出来的坚定地走自己道路的伟大民族精神,却是需要我们继承和发扬光大的。今天的中国,通过改革开放日益发展强大起来,中国特色社会主义成为了中国人民的共同信念,但国内外敌对势力依然不绝如缕地利用这样和那样的借口,对我们选择的道路进行攻击、诬蔑。已经发展起来的中国所处的国际环境,越来越复杂了,只要我们坚持走自己的路,永远会有人在那里指手画脚。因此,哪怕是从现实的角度来理解和研究毛泽东的这些诗词,也会感受到其独特而宝贵的精神价值。

第三,研究毛泽东建国后的诗词创作,要和毛泽东的历史发展观结合起来。

作为伟大的革命家、理论家和战略家,毛泽东思考重大问题,从来都是站在历史的高度,从长远的角度出发的。新中国成立后,关于执政兴国的智慧方略,关于社会主义的发展前途,关于国家的未来命运,他依据历史唯物主义的立场观点和思想方法,从中国历史的发展角度,发表了不少看法。这些看法,也时常反映在他的读史评论当中,由此,他还创作了《贺新郎·读史》《七绝·屈原》《七绝·贾谊》《七律·咏贾谊》《七绝·刘蕡》《七绝二首·纪念鲁迅八十寿辰》《七律·洪都》《七律·读〈封建论〉呈郭老》这样一些咏史之作。在其他作品中,也时常兼咏历史。

怎样看这类数量可观的作品?这里,我想引用毛泽东的三句名言。一句是,今天是昨天的继续和发展;一句是,看历史就能知道前途;一句是,讲历史就能说服人。事实上,毛泽东从来都是从现实需要和对现实的思考的角度来谈论历史的,这就是他倡导的"古为今用"。毛泽东的咏史诗,从根本上说,是他的历史发展观的一种表达方式。在这类作品中,可以看出他对人类进化和社会演变进程的高度概括,看出他的人民群众创造历史的社会发展观,看出他对历史规律的努力把握,看出他对爱国主义传统的倾心弘扬,看出他对"少年倜傥廊庙才"的深切期待,看出他对历史经验的深刻总结,看出他对前人政治智慧和治国方略的体会和借鉴。当然,也看出他晚年对中国未来发展的忧虑和思考。

的确,在毛泽东晚年,他对党和国家的前途、命运有很深的忧虑。诗为心声,这种对未来之虑自然会在诗词中有所反映。他在八十岁的时候写的《七律·读〈封建论〉呈郭老》,专门评价孔夫子和秦始皇两位历史人物及其影响后世的政治思想,是值得我们体会的。需要说明的是,毛泽东在诗词创作中所咏之史,不只是古代的、近代的历史,还包括中国共产党领导的革命史。回顾中国革命的奋斗史,更加容易引起毛泽东对现实、对未来的思考。例如,在《七律·吊罗荣桓同志》中,他通过对罗荣桓同志革命生涯的回顾和评价,便引出了"国有疑难可问谁"的感叹。在《水调歌头·重上井冈山》和《念奴娇·井冈山》中,通过对"九死一生如昨"的井冈山斗争历史的回顾和咏赞,引出"独有豪情,天际悬明月"的现实情怀。这些,都多少传达出对未来的一些忧虑,是晚年毛泽东诗词内容的一个重要特点。当然,他的所虑,有明显的时代痕迹,有明显的历史局限,这是我们研究时应该注意到的。

第四,研究毛泽东建国后的诗词创作,要和毛泽东的文艺主张特别是他的诗论结合起来。

毛泽东一向主张,文艺创作要源于生活,高于生活;文艺要反映时代内容,体现时代精神。毛泽东在建国后创作的四十来首诗词,绝大部分都来自生活实践的启发,有的甚至是直接描写一些具体事件,是对时代内容和时代精神的反映。正是从这个角度讲,毛泽东建国后的诗词,是中国人民进行社会主义革命和建设实践的生动记录。

新中国成立后,毛泽东在文艺政策上的鲜明主张,是百花齐放,古为今用,推陈出新。同时,他还发表了不少如今已为大家熟知的诗论。比如,要有诗意才能写诗;诗要用形象思维,比、兴两法不能不用,赋也可以用;新诗发展道路是民歌加古典,形式是民族的形式,内容应该是浪漫主义与现实主义的对立统一;等等。在诗歌欣赏方面,他认为适合大众需要的诗歌才是好的;他主张豪放、婉约应当兼读,自己偏于豪放,但不废婉约;等等。这些诗论,既属于毛泽东的文艺主张,又是他的创作经验和体会。把毛泽东的作品和他倡导的文艺政策特别是他的诗论结合起来研究,有助于我们理解和研究毛泽东诗词的艺术特色和艺术境界,有助于我们理解和研究毛泽东建国后在创作上做出的一些新的探索。

毛泽东建国后的作品,实践了他的文艺主张,从内容到形式,都呈现出多样化的特色,拓展了旧体诗词这一传统艺术的创作空间。

就诗歌形式来说,毛泽东在战争年代比较擅长填词,新中国成立后继续发扬了这一创作优势,一些词作如《浪淘沙·北戴河》《卜算子·咏梅》,堪称经典。与此同时,毛泽东还有意识地创作了二十来首七律,出现了《七律·答友人》这样的上乘之作。同时,毛泽东还写了为数不少的五律和绝句,特别是《杂言诗·八连颂》,明显是对"古典加民歌"这一旧体诗词发展方向的一种创作尝试。就题材内容来说,毛泽东建国后的创作也大大拓展了,有《卜算子·咏梅》这样的咏物题材,有《贺新郎·读史》这样一批写史题材,有《七律二首·送瘟神》这样的言事题材,有《蝶恋花·答李淑一》这样的悼亡题材,有《念奴娇·鸟儿问答》及几首"读报诗"这样的政治讽刺题材,还有在浙江写的《看山》《莫干山》《五云山》和《观潮》这些山水之作。就创作风格来说,有的偏于浪漫甚至是巡天游仙之作,有的偏于现实甚至是句句写实;有的理胜于情,有的情多于理;有的大气豪放,有的轻柔婉丽。此外,新中国成立后,毛泽东花了不少时间阅读中国古代文史经典,对历代诗人诗作多有评价,其创作中用典的现象,也明显比建国前的作品要多。因此,研究毛泽东建国后的作品,也要注意把它们同中国传统文化结合起来。

——逄先知[1]:《中国毛泽东诗词研究会第九届年会开幕词》,《毛泽东诗词研究丛刊》第3辑,中央文献出版社2011年版

二、关于毛泽东诗词与新诗

这次年会[编者按:指2003年12月19日在成都举办的中国毛泽东诗词研究会第五届年会]的学术主题为"毛泽东诗词与新诗"。这个主题是毛泽东诗词研究的重要课题,而且是我们尚未深入研究的课题。我认为,这个主题可以从两个层面拓展思路,增进共识。其一,毛泽东诗词在思想、感情和表现现当代生活上说也是新诗。"五四"新文化运动以来,旧体诗词尤其是格律诗与新诗的关系,长期未能得到合理的确认。直到20世纪末,表现新内容的格律诗是否也是新诗的问题,才引起文艺理

---

[1] 逄先知(1929—),山东胶县(今胶州市)人。中共党史与毛泽东研究专家。曾任中共中央文献研究室主任、中国毛泽东诗词研究会会长等职。

论界的普遍关注。中国毛诗会成立以来,我们的一项新的研究成果,就是提出了毛泽东诗词从表现新内容的角度看,也应属于新诗。毛泽东开创了一代新诗风。他运用旧体诗词的形式,赋予其新的内涵,即描写历史事件,表现新的生活,反映时代精神,从而使他创作的诗词体现出新的思想感情和新的艺术形象。这就是说,毛泽东诗词从形式看是旧体,从内容看是名副其实的新诗。其二,毛泽东诗词引导和促进了新诗的发展。自1957年毛泽东诗词公开发表以来,它的前无古人的气魄,震撼人心的魅力,对广大新诗作者产生了潜移默化的作用和巨大影响。特别是毛泽东诗词所蕴含和体现的崇高的社会理想,深邃的人生哲理,强大的精神力量,丰富的美学内涵,独特的创作手法,新颖的语言艺术,给予新诗作者以极大的教益和启迪,为新诗的创新提供了范例,为新诗的发展注入了新的生命力。

——何火任[①]:《毛泽东开创了一代新诗风》,《毛泽东诗词研究丛刊》第 2 辑,中央文献出版社 2005 年版

三、关于毛泽东诗词的地位

毛泽东诗词在中国现当代文学史上究竟占有什么样的地位?它作为一种文学作品究竟有什么教育功能?围绕着这个主题的思考和研究,毛泽东诗词研究界取得了一些可喜的进展和共识。其一,认为毛泽东诗词最集中地凝聚了中华民族的伟大精神。它是中国人民坚毅不拔、百折不挠的民族精神的高度概

[①] 何火任(1938—),湖北浠水人。中国社会科学院文学研究所研究员,中国毛泽东诗词研究会原常务副会长,中国现代文学与毛泽东诗词研究专家。

括和集中体现,里面跳动着整个民族的脉搏,是我们民族魂的显示。其二,认为毛泽东诗词是当代诗词的楷模,是中国诗词发展史上当之无愧的新的高峰。诗人毛泽东成功地运用旧体诗词的形式,反映了现代生活和时代精神的新内容,重振了传统诗词的雄风,一改新诗和旧体诗词对立的局面,而使它们成为诗国花园里盛开的并蒂莲。其三,认为毛泽东诗词是反映中国民主革命、社会主义革命和建设的一部恢宏壮丽的史诗,是一部心灵化、审美化了的史诗。它既是诗人毛泽东对外部世界的审美观照和内心体验的诗的表述,又是对中国人民改造自身命运、推动历史大变革的伟大历史实践的诗的写照。其四,认为毛泽东诗词具有丰富的哲理内涵和美学内涵。它是人类智慧的结晶,是毛泽东光辉思想的艺术表现,堪称人生的教科书。诗人毛泽东通过诗词创作,体现了自己的文艺思想和审美理论,从而使他的诗词具有了独特的美学意蕴、美学风格、美学特征。其五,认为毛泽东诗词对我国的社会主义精神文明建设有其特别的不可替代的价值。它所反映出来的爱国主义、集体主义的精神,以及革命的世界观、人生观、价值观,对我们的社会主义精神文明建设具有巨大的促进作用。把毛泽东诗词研究同社会主义精神文明建设自觉地联系起来,这是我们应当承担的历史使命。

——吴正裕[1]

【学习思考】

一、毛泽东是伟大的革命家、战略家、理论家,也是卓越的

---

[1] 吴正裕(1935—2021),江苏宜兴人。毛泽东研究与毛泽东诗词研究专家、毛泽东著作编辑家。曾任中共中央文献研究室毛泽东研究组副组长、中国毛泽东诗词研究会常务副会长等职。

文艺理论家、诗人、散文家、书法家,就文艺领域而言,他做出了什么突出的业绩?

二、毛泽东诗词从形式看是旧体,但从内容看是否是名副其实的新诗?为什么?

三、毛泽东诗词在格律方面,一般是很严谨的,但绝不为格律所束缚。试着找出一些毛泽东诗词在格律方面的突破。

四、毛泽东诗词自从1957年公开发表以来,对旧体诗词的创作产生了什么作用?又对新诗的发展产生了何种影响?

五、读了本书,你有什么心得和收获?请试着写一篇读后感。或自选题目和角度,写一篇小论文。